Kenneth Blanchard
William Oncken, Jr.
Hal Burrows

Der Minuten-Manager und der Klammer-Affe

Wie man lernt, sich nicht zuviel aufzuhalsen

Rowohlt

Die Originalausgabe erschien 1989 unter dem Titel
«The One Minute Manager Meets the Monkey»
im Verlag William Morrow and Company, Inc., New York

Aus dem amerikanischen Englisch übersetzt von
Lieselotte Mietzner.
Schutzumschlag- und Eindbandgestaltung von
Werner Rebhuhn

1. Auflage August 1990

Satz Trump-Mediaeval (Linotronic 500)
Gesamtherstellung Clausen & Bosse, Leck
Printed in Germany
ISBN 3 498 00538 3

:01 Die Symbole

Das Symbol des Ein-Minuten-Managers – die Ein-Minuten-Anzeige einer modernen Digitaluhr – soll uns daran erinnern, daß wir uns jeden Tag eine Minute die Zeit nehmen, um unseren Mitarbeitern ins Gesicht zu schauen und uns bewußt zu machen, daß *sie* das Wertvollste sind, was wir haben.

Das Symbol des Affen-Managers – ein abgehetzter Manager, der an seinem Schreibtisch verzweifelt, weil es da von Klammer-Affen wimmelt – soll uns an die ständig nötige Selbstdisziplin erinnern, unsere Zeit nur in die allerwichtigsten Managementaufgaben zu investieren. Verzetteln wir uns nicht, indem wir höchst effektiv Sachen erledigen, die überhaupt nicht zu unseren Aufgaben gehören!

:01 Einführung

Vor mehr als einem Jahrzehnt trat William Oncken, und mit ihm sehr viel Freude, in mein Leben. Zum erstenmal kam ich mit Bill und seiner Klammeraffen-Analogie in Berührung, als ich ein Exemplar seines klassischen, im November 1974 in der *Harvard Business Review* erschienenen Artikels «Managing Management Time: Who's Got the Monkey?», den er zusammen mit Donald Wass verfaßt hatte, in die Hand bekam. Ich las diesen Artikel, und ganze Lichterketten flammten bei mir auf. Ich war damals ordentlicher Professor an der School of Education an der University of Massachusetts. Als solcher war ich in Bills Augen ein typischer weichherziger Sozialtheoretiker und Intellektueller von der Nordostküste, der es für seine Lebensaufgabe hielt, Leid und Schmerz auf Erden zu tilgen, indem er jedermann half. Mit anderen Worten: Ich war ein typischer Affensammler.

Einige Jahre später nahm ich an einem von Bills «Managing Management Time»-Seminaren teil. Wir Zuhörer brachen in Gelächter aus, als wir die Probleme erkannten, von denen Bill sprach. Da es nicht Brauch ist, in der Öffentlichkeit zu weinen, konnten wir nur lachen, und das taten wir reichlich. Warum? Weil Bill Oncken ein ums andere Mal die reale Absurdität des Unternehmensalltags in den USA mit einer Genauigkeit aufs Korn nahm, daß es schmerzte.

Bill Oncken hat mich mehr als irgend jemand sonst gelehrt, daß ich anderen, wenn ich ihnen tatsächlich helfen will, zeigen muß, wie man angelt, anstatt ihnen einen Fisch zu schenken. Menschen die Initiative abzunehmen und ihre Affen zu füttern und zu päppeln heißt nichts anderes, als sie gewissermaßen in Pflege zu nehmen, sprich: Dinge für sie zu tun, die sie selbst tun können.

Als Hal Burrows, einer der langjährigen Mitarbeiter und Pfeiler der William Oncken Company und herausragender Seminarleiter des «Managing Management Time»-Seminars mit der Frage an mich herantrat, ob ich als Co-Autor an diesem Buch mitarbeiten wolle, war ich elektrisiert. Ich empfinde es als eine Ehre, daß es innerhalb der One Minute Manager Library erscheint.

Hal und ich schrieben zusammen mit Bill im Lauf von drei Jahren mehrere Fassungen dieses Buchs. Dann erkrankte Bill schwer und starb, als wir die Rohfassung fertigstellten. Er hat also das fertige Produkt nie gesehen. Während ich diese Worte schreibe, überkommt mich Trauer wegen des Verlusts von Bill. Ich finde es besonders traurig für die vielen Menschen, die ihn nie gekannt haben, denn für sie ist es der größte Verlust. Meine Hoffnung ist, daß die Lektüre dieses Buches den Verlust mildert, denn es ist so gehaltvoll und so amüsant, wie Bill und sein Mitstreiter Hal Burrows im Lauf der Jahre Tausende von Führungskräften das Affen-Management gelehrt haben. Dies ist unverfälschter Bill Oncken mit seinem ganzen Biß und Scharfblick.

Hier nun also die Geschichte eines abgehetzten Managers, der immer länger und immer härter arbeitete, dem es aber trotzdem nicht gelingt, sein Arbeitspensum zu bewältigen. Er hört vom Affen-Management. Der Manager lernt, seinen Mitarbeitern die Initiative zu lassen, so daß sie ihre eigenen «Affen» selbst füttern und versorgen können. Zugleich lernt er, mit seiner Vorgesetzten und seinen organisatorischen Aufgaben effektiver umzugehen. Dabei erhöht sich die Leistung seiner Abteilung genauso eindrucksvoll wie seine Karriereaussichten.

Bill Onckens Seminar und Buch «Managing Management Time» bringt viele neue Einsichten darüber, wie es heute in den Betrieben wirklich zugeht, und entwickelt Strategien, wie man sich die Unterstützung von Chef, Mitarbeitern und von inner- und außerbetrieblichen Kollegen sichern kann. Das vorliegende Buch wurde aus der «Staff»-Strategie entwickelt.

Ich hoffe, daß Sie die aus diesem Buch gewonnenen Lehren einsetzen, um Ihr Leben und das der Menschen in Ihrem beruflichen und häuslichen Umfeld zu verändern.

Kenneth Blanchard

Dieses Buch ist dem Andenken von William Oncken gewidmet

Bill Oncken gehörte wie Mozart zu jenen überaus seltenen Menschen, denen sowohl geniale Schöpferkraft als auch umjubeltes Virtuosentum gegeben ist, nur daß Oncken nicht mit Tönen, sondern mit Worten arbeitete. Sein Hauptwerk *Managing Management Time* ist eine zeitlos gültige Schöpfung. Es fängt das innerste Wesen des Managements ein, einer Kunst, die so alt ist wie menschliches Organisieren überhaupt. Und wer Bill einmal seine Gedanken vortragen gesehen hat, wird dieses Erlebnis nie vergessen!

Hal Burrows

Inhalt

GEHÖREN SIE zu denen, die manchmal vor lauter Problemen, die andere geschaffen haben, nicht mehr wissen, wo Ihnen der Kopf steht? Dann ist dies das richtige Buch für Sie, denn es kann Ihr Leben verändern. Im Mittelpunkt steht ein Manager, aber es läßt sich auch auf andere Lebenssituationen anwenden, besonders auf Eltern und Lehrer.

Sie lesen hier, wie meine berufliche Entwicklung durch den Rat von zwei klugen Menschen kurz vor der Katastrophe in Richtung Erfolg umschwenkte. Was mich diese beiden gelehrt haben, finden Sie in diesem Buch. Ich gebe ihre Einsichten an Sie weiter in der Hoffnung, daß sie Ihnen genauso helfen können, wie sie mir geholfen haben.

Das Ganze begann vor ungefähr zwei Jahren, nach einem Lunch mit meinem Freund, dem Minuten-Manager. Ich war danach wieder in mein Büro gegangen, hatte mich an den Schreibtisch gesetzt, verwundert den Kopf geschüttelt und rekapituliert, was gerade geschehen war.

Beim Essen hatte ich mich darüber ausgelassen, wieviel Frust mir meine Arbeit verursachte. Mein Freund hatte sich das angehört. Und dann hatte er mir auf den Kopf zugesagt, worin mein Problem bestand. Ich verstand die Welt nicht mehr: Die Lösung war so einfach.

Am meisten überraschte es mich, daß ich mir mein Problem im Grunde selbst geschaffen hatte. Wahrscheinlich hatte ich es deswegen ohne Hilfe von außen nicht erkennen können. Aber als mir endlich die Augen aufgegangen waren, erkannte ich, daß ich keineswegs allein dastand. Ich wußte, daß andere Führungskräfte das gleiche Problem hatten.

Als ich da nun in Gedanken versunken in meinem Zimmer saß, lachte ich auf einmal laut heraus. «Affen!» rief ich. «Affen sind das Problem. Wer hätte das gedacht!»

ICH WEISS NOCH, daß ich zum erstenmal seit langer Zeit wieder lächelte, als ich auf das Bild meiner Familie auf meinem Schreibtisch blickte. Ich freute mich schon darauf, mehr Zeit mit meiner Frau und meinen Kindern zu verbringen.

Rund ein Jahr, bevor mir die Sache mit den «Affen» aufging, war ich in meine erste Management-Position berufen worden. Zuerst sah alles sehr gut aus. Ich war begeistert von meiner neuen Arbeit, und mein Schwung hatte anscheinend auch auf meine Mitarbeiter ausgestrahlt. Produktivität und Arbeitsmoral verbesserten sich spürbar; bevor ich die Leitung der Abteilung übernahm, war beides, wie man mir berichtete, auf einem Tiefstand gewesen.

Nach dem anfänglichen Anstieg begannen die Leistungen meiner Abteilung wieder abzusinken, erst langsam, dann immer schneller. Nach dem Leistungseinbruch fiel auch die Arbeitsmoral ab. Trotz Überstunden und angestrengter Arbeit konnte ich den Niedergang nicht aufhalten. Ich war ratlos und sehr enttäuscht. Wie es schien, fiel ich, je härter ich mich ins Zeug legte, nur um so weiter zurück, und die Ergebnisse in meiner Abteilung wurden immer schlechter.

Ich arbeitete täglich länger und fuhr manchmal sogar samstags und sonntags ins Büro. Und trotzdem schaffte ich längst nicht alles. Ich stand ständig unter Druck und litt sehr unter der Situation. Ich dachte schon, ich bekomme ein Magengeschwür und ein nervöses Zucken im Gesicht.

Mir wurde bewußt, daß dadurch auch meine Familie zunehmend belastet war. Ich war so selten zu Hause, daß meine Frau Sarah mit allen familiären Problemen allein fertig werden mußte. Und wenn ich mal zu Hause war, war ich praktisch ständig müde und mit den Gedanken bei der Arbeit, und das bis weit in die Nacht. Auch unsere beiden Kinder waren sauer, weil ich einfach nie die Zeit fand, um mit ihnen zu spielen. Aber ich sah keine andere Möglichkeit – schließlich mußte die Arbeit doch getan werden.

Meine Chefin, Alice Kelley, hatte mich anfangs nicht besonders kritisch angesehen, aber das wurde bald anders. Sie verlangte immer mehr Berichte über die Leistungen meiner Abteilung. Ganz offensichtlich hatte sie vor, mir in Zukunft genauer auf die Finger zu sehen.

MEINE CHEFIN schien es gut zu finden, daß ich nicht dauernd angelaufen kam und sie um Rat fragte. Gleichzeitig machte sie sich aber ernste Sorgen um den Zustand meiner Abteilung. Ich wußte, daß ich die Dinge nicht mehr lange schleifen lassen durfte. Also bat ich sie um einen Termin.

Mir sei klar, sagte ich, daß es mit meiner Abteilung so nicht weitergehen könne, aber ich wisse noch kein Rezept zur Verbesserung der Lage. Ich weiß noch, daß ich ihr sagte, mein Pensum komme mir so vor, als arbeite ich für zwei. Ihre Antwort werde ich nie vergessen: «Sagen Sie mir, wer der andere ist, für den Sie mit arbeiten. Ich werde ihn an die Luft setzen, denn solche Unkosten können wir uns nicht erlauben.»

Dann fragte mich meine Vorgesetzte, ob ich nicht vielleicht mehr an meine Mitarbeiter delegieren könne. Ich antwortete, meine Mitarbeiter seien noch nicht so weit, daß sie zusätzliche Verantwortung übernehmen könnten. Wieder reagierte sie auf eine Weise, die ich nicht so schnell vergessen werde: «Es ist Ihre Aufgabe, sie so weit zu bringen! Dieser Zustand beunruhigt mich allmählich doch sehr.» Und sie erinnerte mich daran, daß schon Benjamin Franklins Großvater gesagt hatte:

Es ist nicht einfach,
für einen nervösen Herrn zu
arbeiten – schon gar nicht,
wenn du es bist, der ihn
nervös macht!

*

It's tough to work for
a nervous boss, especially if you
are the one who's making
your boss nervous!

NACH DER BESPRECHUNG mit meiner Vorgesetzten dachte ich lange über ihre Worte nach. Vor allem ihr Ausdruck, sie mache sich «ernste Sorgen», ging mir nicht mehr aus dem Kopf. Mir wurde allmählich klar: Sie erwartete von mir, daß ich allein klarkam. Schließlich war sie selber zur Zeit mit einem wichtigen Projekt voll ausgelastet. Das war der Moment, in dem ich mich hilfesuchend an den Minuten-Manager wandte. Er war ein erfahrener Spitzenmanager in einer anderen Firma und seit langem ein Freund der Familie. Er hieß überall der «Minuten-Manager», weil er sich täglich kurz die Zeit nahm, sich daran zu erinnern, daß seine Mitarbeiter das Wertvollste waren, was er hatte. Und diese wiederum arbeiteten glänzend, ohne daß es ihn viel Zeit und Mühe kostete.

Als wir uns zum Lunch trafen, waren mir meine Schwierigkeiten anscheinend deutlich anzumerken, denn der Minuten-Manager sagte gleich bei der Begrüßung: «Na, als Manager hat man es nicht so leicht, wie du dachtest, stimmt's?»

«Das kannst du ruhig laut sagen», knurrte ich. Und dann jammerte ich ihm etwas vor von jenen idyllischen Tagen, als ich noch keine Führungskraft war und mir alles soviel flotter von der Hand ging, weil mein Arbeitsergebnis ausschließlich von meinem eigenen Einsatz abhing. Je länger und konzentrierter ich damals gearbeitet hatte, desto mehr hatte ich tatsächlich erledigt. «Wie es aussieht, hat sich dieses Verhältnis jetzt genau umgekehrt», schloß ich. Als ich ihm das Problem dann in allen Einzelheiten schilderte, hörte der Minuten-Manager aufmerksam zu und unterbrach mich nur gelegentlich mit einer Frage. Je länger unser Gespräch dauerte, desto konkreter wurden seine Fragen. Schließlich wollte er wissen, was mich denn bei der Arbeit am meisten Zeit koste.

Ich erzählte ihm von der Papierflut in meinem Büro. «Horrend, sage ich dir! Und es wird immer schlimmer», antwortete ich. Manchmal kam es mir so vor, als würde ich nur Papiermassen umstapeln, ohne mit meiner eigentlichen Arbeit auch nur einen Schritt voranzukommen. Ich nannte das: *Viel getan und nichts geschafft.* Es war paradox : Ich tat immer mehr – und erledigte immer weniger.

Alle in der Firma wollten etwas von mir – am liebsten gestern schon, und zwar lauter Dinge, die für sie vielleicht wichtig waren, mich in meiner eigenen Arbeit aber in keiner Weise weiterbrachten. Wenn ich versuchte, mich auf eine Sache zu konzentrieren, kam bestimmt nach fünf Minuten eine Unterbrechung und zwang mich, etwas anderes zu machen. Ich verbrachte immer mehr Zeit mit Besprechungen und Telefonaten. Bis ich meine Schreibtischarbeit, die Besprechungen und alles, was dazwischenkam, erledigt hatte, blieb mir keine Zeit mehr, um meine Ideen zur rationelleren Gestaltung unserer Arbeitsabläufe in die Tat umzusetzen.

ICH BERICHTETE dem Minuten-Manager, daß ich sogar an einem Seminar über Zeit-Management teilgenommen hatte. Ehrlich gesagt glaube ich, daß dieser Kurs die ganze Sache nur noch verschlimmert hat. Denn erstens warf er mich noch zwei Tage weiter zurück. Er half mir zwar, ein bißchen effizienter vorzugehen, aber das änderte nichts an dem grundlegenden Problem. Egal wieviel ich auch erledigte – es gab immer noch mehr zu tun.

Und dann waren da meine Mitarbeiter. Immer wenn ich sie irgendwo sah – im Flur, im Lift, auf dem Parkplatz, in der Kantinenschlange – wollten sie etwas von mir, damit sie mit ihrer Arbeit weitermachen konnten. Das war wohl auch der Grund, warum ich länger arbeiten mußte, aber sie nicht. Ließ ich meine Zimmertür offen, kamen sie ständig hereingeschneit. Also machte ich die Tür lieber zu, obwohl es mir leid tat, denn so hielt ich sie in der Arbeit auf, was ihre Motivation sicher nicht erhöhte.

Der Minuten-Manager hörte sich mein Klagelied aufmerksam an. Als ich endlich fertig war, meinte er, ich sei wohl das Opfer eines fundamentalen Führungsproblems:

Warum haben eigentlich manche Manager nie genug Zeit und ihre Mitarbeiter nie genug Arbeit?

*

Why is it that some
managers are typically running out
of time while their staffs are
typically running out
of work?

Eine ausgezeichnete Frage, dachte ich, vor allem wenn ich an all die Leute dachte, die außer meinen Mitarbeitern auch noch etwas von mir wollten. «Aber vielleicht sollte ich mich nicht darüber beklagen, daß bei mir dauernd jemand vor der Tür steht», sagte ich. «In letzter Zeit hat sich meine Lage so entwikkelt, daß diese Form der Unentbehrlichkeit vielleicht mein bester Kündigungsschutz ist.»

Der Minuten-Manager war entschieden anderer Meinung und erklärte mir: Unentbehrliche Führungskräfte richten mehr Schaden als Nutzen an, vor allem, wenn sie die Arbeit anderer behindern. Auch wenn sie sich wegen ihrer Unentbehrlichkeit auf ihrem Posten sicher fühlen, werden sie meist rasch versetzt, weil sie die Arbeit der ganzen Abteilung aufhalten. Außerdem kann man es sich im höheren Management nicht leisten, Leute zu befördern, die in ihrem augenblicklichen Job unentbehrlich sind, weil sie sich keinen Nachfolger herangezogen haben.

Ich mußte an mein letztes Gespräch mit meiner Vorgesetzten denken. Sie schien mich keineswegs für unentbehrlich zu halten! Eines wurde mir immer klarer, je länger ich darüber nachdachte: Wenn ich meine Probleme nicht bald in den Griff bekäme, würde es in unserer nächsten Besprechung wahrscheinlich um Karriereplanung gehen – um Karriereplanung für mich! Eigentlich logisch. Wenn ich noch nicht einmal mit dieser kleinen Abteilung fertig werden konnte, hatte ich wohl nicht das Zeug zur Führungskraft.

AN DIESEM PUNKT rückte der Minuten-Manager mit seiner – für mich – erstaunlichen Diagnose des Problems heraus. Sie schmiß mich fast um. Er meinte, meine Lösungsversuche – längeres Arbeiten, Teilnahme an Seminaren – packten nur die Symptome, aber nicht die Wurzel der Schwierigkeiten an. Das sei so, als würde ich bei Fieber Aspirin nehmen, aber mich um die Krankheit, die das Fieber ausgelöst hatte, nicht kümmern. Entsprechend hätte sich das Problem laufend verschlimmert.

Ich dachte: «Auch das noch! Ich habe gearbeitet wie ein Pferd und dadurch mein Problem nur noch verschlimmert! Aber wenn ich nichts getan hätte, wäre ich ja jetzt noch viel weiter im Rückstand!»

Ich mußte meinem Freund widersprechen. Aber mein Argument zog nicht recht, denn er brachte mich zu dem Eingeständnis, daß sich die Aufgabe und der Mitarbeiterstab meiner Abteilung seit meinem Eintritt nicht geändert hatten. Die einzige Veränderung war mein Eintritt. Da ging mir ganz plötzlich eine unangenehme Wahrheit auf: Mein schlimmster Widersacher bin ich selbst! Wenn ich an jenen Moment zurückdenke, fallen mir immer die Arbeiter ein, die zusammen Mittag machen und ihre Brote auspacken. Einer ärgert sich. «Schon wieder Salami! Jetzt habe ich zum viertenmal hintereinander Salamibrote dabei, aber ich mag überhaupt keine Salami!»

Sein Kumpel meint: «Reg dich nicht auf! Sag doch mal deiner Frau, sie soll dir was anderes aufs Brot legen.»

«Meine Frau, Blödsinn! Ich hab mir die Stullen selber geschmiert.»

Da es also offenbar sinnlos war, die Ursache des Problems woanders zu suchen, bat ich den Minuten-Manager, mir genauer zu sagen, was er meinte. Er sah mir direkt in die Augen. «Dein Problem sind… AFFEN!»

«Affen?» lachte ich. «Klingt gar nicht so falsch. In meinem Büro geht es zu wie im Affenstall. Also was meinst du damit?» Darauf gab mir der Minuten-Manager folgende Definition:

Ein Affe ist der nächste Schritt.

*

A monkey is the
next move.

DAS BEISPIEL, das mir der Minuten-Manager zur Verdeutlichung dieses Satzes gab, ist so lebensnah, daß ich es noch heute fast Wort für Wort wiederholen kann.

Ich gehe über den Korridor und treffe dort einen meiner Mitarbeiter. «Guten Morgen», begrüßt er mich. «Kann ich Sie einen Moment sprechen? Wir haben da ein Problem.»

Ich muß natürlich wissen, was meine Mitarbeiter machen, deshalb stelle ich mich hin und höre zu, während er mir die Schwierigkeit ausführlich erklärt. Ich steige auf die Sache ein – Problemlösung ist schließlich mein Job. Die Zeit verstreicht. Als ich das nächste Mal auf die Uhr schaue, sind nicht fünf Minuten vergangen, sondern dreißig.

Durch dieses Gespräch komme ich zu spät zu meinem nächsten Termin. Über das Problem des Mitarbeiters habe ich jetzt gerade genug gehört, um zu wissen, daß ich mich damit befassen muß, aber noch nicht genug, um entscheiden zu können. Also sage ich: «Das ist eine sehr wichtige Frage, aber ich habe jetzt nicht die Zeit, um ausführlich darüber zu reden. Aber ich will darüber nachdenken und Sie dann wieder ansprechen.» Und damit trennen wir uns.

«Als aufmerksamer Beobachter, der mit der Sache nichts zu tun hat, hast du sicher sofort durchschaut, was hier abläuft», fuhr der Minuten-Manager fort. «Für den, der selber mittendrin steckt, ist das aber nicht so leicht. Bevor ich meinen Mitarbeiter im Flur treffe, hat er den Affen auf dem Rücken. Dann sprechen wir miteinander und beschäftigen uns beide mit dem Problem: Der Affe hangelt sich mit einem Bein zu mir herüber. Schließlich sage ich: ‹Ich überlege mir die Sache und spreche Sie wieder an.› Was passiert? Der Affe klammert sich an mich, und mein Mitarbeiter geht erleichtert in sein Zimmer zurück. Verstehst du? Der Affe ist zu mir umgestiegen.

Nun ist es so, daß die fragliche Angelegenheit zum Aufgabenbereich meines Mitarbeiters gehört. Er ist selber sehr wohl in der Lage, Lösungsvorschläge für das Problem zu nennen. Ich lasse also zu, daß das Tier auf meinen Rücken springt, indem ich zwei Dinge übernehme, die meine Mitarbeiter normalerweise selbst erledigen müssen: Erstens: Ich nehme dem Mitarbeiter die Verantwortung für das Problem ab. Zweitens: Ich verspreche ihm auch noch einen Ergebnisbericht.»

Jeder Affe hält
zwei Menschen in Atem:
einen, der ihn bearbeitet,
und einen, der auf
ihn aufpaßt.

*

For every monkey there
are two parties involved: one
to work it and one to
supervise it.

Der Minuten-Manager lächelte mir zu. «In meinem Beispiel übernehme ich die Rolle des Bearbeiters und mein Mitarbeiter die des Vorgesetzten. Und damit es auch keinen Zweifel gibt, wer der neue Boss ist, kommt er am nächsten Tag mehrmals zu mir und erkundigt sich, wie die Sache steht. Bin ich in seinen Augen noch nicht weit genug vorangekommen, drängt er mich zur schnellen Erledigung der Aufgabe – die in Wirklichkeit seine eigene ist.»

Ich dachte, mich trifft der Blitz. Der Minuten-Manager schilderte den Rollentausch zwischen Führungskraft und Mitarbeiter so drastisch, daß ich im Geist sofort eine ganze Horde Klammeraffen vor mir sah, die sich in meinem Zimmer eingenistet hatten.

Der neueste war ein Memo von Ben, einem meiner Mitarbeiter, in dem faktisch stand: «Der Einkauf unterstützt unser Beta-Projekt nicht. Könnten Sie nicht einmal mit dem Leiter sprechen?» Ich hatte natürlich zugesagt. Ben hatte seither schon zweimal nachgehakt: «Wie steht es mit dem Beta-Projekt? Haben Sie schon mit dem Einkauf gesprochen?» Worauf ich jedesmal schuldbewußt antwortete: «Noch nicht, aber keine Angst, ich mache das schon.»

Einen anderen Klammeraffen hatte mir Maria vermacht. Sie hatte mich um Hilfe gebeten, weil ich mich – wie sie schlau bemerkte – «in der Organisation und in den technischen Einzelheiten gewisser Probleme besser auskenne» als sie. Ein dritter Affe stammte von Erik. Er war aus einer anderen Abteilung auf eine neu eingerichtete Stelle bei uns übergewechselt, und ich hatte ihm versprochen, eine Stellenbeschreibung für ihn zu verfassen. Bisher war ich nicht dazu gekommen, mußte aber den Aufgabenbereich dieses neuen Postens so bald wie möglich festlegen, damit Erik wußte, wofür er verantwortlich war.

Vor meinem inneren Auge sah ich jetzt nur noch Affen und erinnerte mich daran, wie ich sie mir aufgehalst hatte. Bei zwei neueren Exemplaren handelte es sich um unzureichende Verwaltungsarbeit von Leesa und Gordon. Ich hatte mir vorgenommen, mir Leesas Bericht genauer anzusehen, die Punkte zu notieren, wo sie Korrekturen anbringen mußte, und ihr dann eine Liste mit Verbesserungsvorschlägen zu geben. Den anderen Bericht von Gordon hatte ich jetzt schon zum viertenmal hereinbekommen. Ich war nahe daran, ihn lieber selbst fertig zu machen, als mich deswegen noch einmal mit Gordon auseinanderzusetzen.

Affen, wo ich hinsah! Es gab sogar ein paar Gastarbeiter darunter! Sie kamen von Maria, deren Arbeits- und Verhaltensweisen manchmal in anderen Abteilungen des Unternehmens zu Irritationen führten. Dann kamen die dortigen Mitarbeiter mit dem Problem wieder zu mir, worauf ich ihnen ausnahmslos versprach: «Ich sehe es mir an und melde mich dann bei Ihnen.»

Als ich darüber nachdachte, erkannte ich, daß manche Affen eher Chancen als Probleme darstellen. Ben zum Beispiel ist ein sehr kreativer Mitarbeiter, der immer wieder zündende Ideen hat. Aber aus diesen Ideen fertige Produkte zu machen, ist, gelinde gesagt, nicht seine Stärke. Die Vorschläge, die er mir hereingibt, sind zwar nicht durchgearbeitet, aber trotzdem so ergiebig, daß ich mir von jedem einige Punkte zur Weiterverwendung merken kann.

Als ich Affe um Affe vor meinem inneren Auge Revue passieren ließ, wurde mir klar, daß die meisten von ihnen unter die Zuständigkeit meiner Mitarbeiter fielen. Einige aber gehörten mir; sie waren sozusagen Teil *meiner* Stellenbeschreibung. So muß ich zum Beispiel aushelfen, wenn einer meiner Mitarbeiter krank, ungeübt oder unfähig ist, eine Aufgabe auszuführen. Sodann bekomme ich es in Notfällen mit Affen zu tun, die normalerweise Sache meiner Mitarbeiter sind. Legitim ist auch, daß ich die Initiative ergreife, wenn mir ein Mitarbeiter eine Empfehlung gibt, wie in einer bestimmten Situation vorzugehen ist. Sobald ich eine solche Empfehlung bekomme, ist es an mir, den oder die «nächsten Schritte» zu tun. Ich muß die Empfehlung lesen oder sie mir erläutern lassen, muß sie prüfen, darüber nachdenken, muß entscheiden oder sonstwie darauf reagieren.

DER MINUTEN-MANAGER BESTÄTIGTE, daß einige der Affen in meinem Büro tatsächlich mir gehörten. Wir waren uns aber darin einig, daß weitaus die meisten von der Sorte waren, die ich nie hätte annehmen dürfen.

Sie können sich vorstellen, daß daraus leicht ein Teufelskreis wird. Als ich die Klammeraffen übernahm, die eigentlich mein Team hätte bearbeiten müssen, gab ich ihm damit zu verstehen, daß ich auf die Mehrarbeit geradezu erpicht war. Und natürlich brachte es mir daraufhin, je mehr ich schon hatte, immer noch mehr dazu. Bald war mein normaler Arbeitstag, an dem ich ja auch noch den Anforderungen meines Chefs und anderer Stellen nachkommen mußte, völlig ausgefüllt, aber es kamen immer noch neue Affen nach.

Also begann ich, mir von meinem Privatleben Zeit abzuknapsen: Sport, Hobbies, politische Aktivitäten, Kirchenbesuch und schließlich auch die Familie mußten dran glauben. («Es ist die Qualität, nicht die Quantität unserer gemeinsam verbrachten Zeit, was zählt», rechtfertigte ich die Situation vor mir.)

Schließlich erreichte ich den Punkt, wo ich mir nirgendwo mehr Zeit «leihen» konnte. Aber es hangelten sich immer noch neue Affen in mein Büro. Dann begann ich, die Dinge auf die lange Bank zu schieben. Ich hatte es nicht mehr so eilig, und meine Mitarbeiter warteten ab. Und keiner von uns bearbeitete die Affen – eine kostspielige Doppelstrategie! Das dauernde Aufschieben machte mich zum Engpaß für meine Mitarbeiter. Lahmgelegt, blockierten sie wiederum die Arbeit anderer Abteilungen. Wenn sich von dort jemand bei mir beschwerte, versprach ich jedesmal, mich der fraglichen Angelegenheit anzunehmen und dann wieder von mir hören zu lassen. Während ich mich mit dieser neuen Spezies der *Seitenspringer* abgab, mußte ich natürlich die Affen meines eigenen Teams vernachlässigen. Meine Chefin hörte, daß mit meiner Abteilung nicht alles zum besten stand, worauf sie mich um häufigere Berichte bat. Diese *abwärtskletternden* Affen hatten Vorrang vor allen anderen, für die mir jetzt noch weniger Zeit blieb. Denke ich heute an jenen

Schlamassel zurück, sehe ich deutlich, daß ich eine Unmenge betrieblichen Leerlaufs verursachte. Von mir gingen unglaublich viele Probleme aus.

Schlimmer noch waren die Unkosten in Form verpaßter Arbeitsmöglichkeiten. Da ich nun meine *ganze* Zeit mit den Affen anderer Leute zubrachte, fing ich mit meiner eigentlichen Arbeit gar nicht erst an. Ich führte nicht, sondern ließ mich führen. Ich handelte nicht, sondern reagierte bloß. Irgendwie hielt ich mich gerade so über Wasser.

ALS NÄCHSTES UNTERHIELTEN sich der Minuten-Manager und ich über die Probleme, die Klammeraffen für die Betriebsorganisation mit sich bringen. Wir hatten dieses Thema fast beendet, als mir auf einmal klar wurde, daß ich ja gar nicht wußte, was ich mit meinem eigenen Affenstall anstellen sollte. Also begann ich ein bißchen kleinlaut: «Ehrlich gestanden habe ich einen ganzen Zoo von Affen meiner Mitarbeiter. Wie kann ich damit fertig werden? Und wie komme ich mit meiner Vorgesetzten und mit den zeitraubenden Forderungen aus den anderen Abteilungen klar?»

Der Minuten-Manager antwortete: «Die Abwärtskletterer von deiner Vorgesetzten und die Seitenspringer von deinen Kollegen aus den anderen Abteilungen kommen alle von den aufwärts hangelnden Affen deiner eigenen Mitarbeiter. Wenn du die Situation mit deinen Mitarbeitern bereinigst, bekommst du Zeit für die anderen beiden Affenvölkchen. Aber wie das geht, können wir hier und jetzt nicht klären. Am besten besuchst du dazu das Seminar «Der Umgang des Managers mit der Managementzeit».

Ich erinnerte ihn daran, daß ich bereits einen Zeitmanagement-Kurs mitgemacht hatte, durch den es nur weiter bergab gegangen war.

«Dieses Seminar hier ist anders», erwiderte der Minuten-Manager. «In deinem Kurs ging es darum, wie man seine Arbeit richtig erledigt, wogegen nichts einzuwenden ist. Aber man hat euch dort nicht beigebracht, das Richtige zu tun. Du hast gelernt, das Falsche effizienter zu tun. Du warst wie ein Pilot, der eine großartige Landung hinlegt – aber auf dem falschen Flughafen. In dem Seminar, das ich dir empfehle, wirst du erkennen:

Was man nicht zu
machen braucht, braucht
man nicht auch noch
gut zu machen.

*

Things not worth doing are
not worth doing well.

BEIM VERLASSEN DES RESTAURANTS dankte ich dem Minuten-Manager für seine Hilfe und versprach, das Managementzeit-Seminar unter allen Umständen zu besuchen (wobei ich mich insgeheim fragte, wo ich bloß die zwei Tage dafür hernehmen sollte). Dann fragte ich den Minuten-Manager noch, woher er eigentlich so viel über das Bändigen von Klammeraffen wisse. Seine Antwort versetzte mir den Schock meines Lebens.

«Weil ich früher dasselbe Problem hatte wie du, nur noch viel, viel schlimmer.» Er grinste. «Meine Karriere geriet genauso ins Schlingern wie deine, und ich war verzweifelt. Eines Tages flatterte mir ein Prospekt über ein Zeitmanagement-Seminar auf den Schreibtisch. Wie der sprichwörtlich Ertrinkende nach einem Strohhalm greift, beschloß ich, dieses Seminar mitzumachen. Und das war mein Glück, denn dort lernte ich alles über das Affen-Management!»

Ich konnte mir kaum vorstellen, daß ein Könner wie der Minuten-Manager einmal genauso ratlos gewesen war wie ich jetzt. Ich bat ihn, mir genauer zu erzählen, was er erlebt hatte. Wir kehrten in unser Restaurant zurück, und bei Kaffee und Cognac legte der Minuten-Manager los.

«Der Kurs wurde geleitet von Bill Oncken, dem Erfinder des Affen-Managements. Nie werde ich die faszinierende Geschichte vergessen, durch die er mir die Augen öffnete. Er erzählte eine Parabel. Die geschilderte Situation glich der meinen aufs Haar, es war fast unheimlich.

«Oncken blieb immer länger im Büro, genau wie du und ich, aber er kam trotzdem mit der Arbeit nicht nach. Er erzählte uns, wie er an einem Samstagmorgen wieder einmal wie gewöhnlich sein Haus verließ, um einiges aufzuarbeiten. Seiner enttäuschten Frau und den Kindern erklärte er, er tue dies ja nur für sie.» Ich mußte schlucken, als ich das hörte, denn genau dasselbe hatte ich am vorangegangenen Wochenende zu meiner Familie gesagt.

«Oncken sah aus seinem Bürofenster zu dem benachbarten Golfplatz, wo sich seine Mitarbeiter gerade zum Abschlag bereitmachten. ‹Sie legten los›, sagte er, ‹aber ich war schon abgeschlagen. Hätte ich mich in ein Mäuschen verwandeln und ihre Worte belauschen können, hätte ich sicher einen zum andern sagen hören: ‹Oh, es tut sich was! Hast du gesehen, wer da grade mit seinem Wagen in den Firmenparkplatz eingebogen ist? Anscheinend hat sich der Boss jetzt doch dazu durchgerungen, sein Geld zu verdienen!›

Trübsinnig betrachtete Oncken die Papierstapel auf seinem Schreibtisch, die er jetzt in Angriff nehmen mußte. Da dämmerte es ihm auf einmal: Das war ja die Arbeit seiner Mitarbeiter, die er da erledigen wollte. Er war mit *ihrer* Arbeit im Rückstand, nicht mit seiner. Seine eigene Arbeit war nicht im Rückstand, denn damit hatte er ja überhaupt noch nicht angefangen! Wie ein Blitz durchfuhr ihn die Erkenntnis: ‹Meine Mitarbeiter arbeiten gar nicht für mich, ich arbeite für sie! Und wenn vier Leute Arbeit machen und nur einer sie erledigt, kann ich auch durch noch so viel Einsatz nicht nachkommen. Denn je mehr ich tue, desto mehr laden sie mir auf!›»

Der Minuten-Manager, dem das Erzählen sichtlich Genuß bereitete, fuhr fort: «Oncken sagte, auf einmal sei ihm klargeworden, daß er auch auf anderen Feldern viel nachzuholen hatte. Also stand er von seinem Stuhl auf und rannte so schnell er konnte durch den Korridor. Der Wochenend-Pförtner, der ihn wie eine Rakete vorbeischießen sah, rief ihm nach, wo er denn so eilig hinwolle. Über die Schulter schrie Oncken zurück: ‹Bloß raus aus allem hier. Wohin, weiß ich noch nicht!›

Auf der Treppe nahm er immer sechs Stufen mit einem Schritt, warf sich in seinen Wagen und preschte nach Hause. Binnen einer halben Stunde hatte er die Wochenendplackerei abgeschüttelt, um sich mit seiner Familie zwei schöne Tage zu machen. Und es wurde dann auch ein herrliches Wochenende. Samstag nacht schlief Oncken so tief wie ein Murmeltier. Seine Frau wollte schon nachsehen, ob er überhaupt noch da war.» Der Minuten-Manager sah nachdenklich vor sich hin. «Tja», resumierte er, «Bill Oncken zeichnete ein genaues Bild von mir, einem zwanghaften Affen-Sammler. Aber Gott sei Dank zeigte er mir auch, was ich dagegen tun konnte. Seither hat sich mein Leben vollkommen verändert. Dir wird es genauso gehen.»

«Wetten, daß ich weiß, in welches Seminar du gegangen bist?» sagte ich. Der Minuten-Manager nickte lächelnd.

NACHDEM ich mich von meinem Freund, dem Minuten-Manager, verabschiedet hatte, kehrte ich voller Verwunderung über das Gehörte in mein Büro zurück. Beim Hereinkommen sah ich überall die Affen sitzen. Wo ich früher nur die Rückseiten von Briefumschlägen gesehen hatte, auf die ich Notizen gemacht hatte, sah ich jetzt Affen. Telefonische Nachrichten waren Affen. (Ich sah dabei einen Affen durch die Leitung kriechen wie ein Ferkel durch eine Pythonschlange hindurchpassiert.) Mein Aktenkoffer war ein Affenkäfig. Der Notizblock auf meinem Schreibtisch war ein Greifarm, mit dem ich oft Klammeraffen von den Rücken anderer Leute gepflückt hatte.

Als ich mich an jenem Tag in meinem Zimmer umschaute, blieb mein Blick an dem Bild meiner Frau und meiner Kinder hängen, und ich erkannte zum erstenmal, daß *ich immer auf diesem Bild gefehlt hatte*! Aber das würde jetzt anders werden. Das Familienfoto erinnerte mich auch daran, daß meine Frau und ich unseren Kindern meist die Klammeraffen abnehmen. Erst kürzlich kam mein Sohn nach Hause und rief: «Stellt euch vor: ich bin jetzt in der Jugend-Tennismannschaft!»

«Großartig!» sagten wir. «Das hast du gut gemacht. Wir sind stolz auf dich!» Und der Sohn: «Es gibt nur eine Schwierigkeit: Montag, Mittwoch und Freitag muß mich jemand nach der Schule zum Training bringen und hinterher wieder abholen.» Was glauben Sie, wer sich um diesen Affen kümmerte? Meine Frau und ich. Was als Anlaß zur Freude begonnen hatte, wurde zu einem Affen. Schlimmer noch, aus einem Affen wurden rasch mehrere. Meine Frau erklärte unserem Sohn: «Ich könnte dich montags und manchmal auch freitags hinfahren, aber mittwochs geht es nicht. Wer ist noch in deinem Team, so daß wir vielleicht eine Fahrgemeinschaft bilden können?»

Nachdem mein Sohn ihr die Namen seiner Kameraden genannt hatte, sagte sie: «Ich werd mich gleich drum kümmern, Liebling. Ich sag dir dann Bescheid, mit wem du fahren kannst.» Aller Sorgen ledig, verzog sich der Sohn mit einem lässigen «Danke, Mammi!» zum Fernsehen.

MEIN SOHN KONNTE noch nicht selbst fahren, aber er hätte sich nach anderen Transportmöglichkeiten umsehen und dabei lernen können, selbst Verantwortung zu übernehmen. Als ich die Situation mit dem Tennistraining im Geist noch einmal durchging, wurde mir klar, wie leicht wir in allen Lebensbereichen unnötigerweise die Affen anderer Leute zu uns herüberziehen. Oft vernachlässigen wir darüber unsere eigenen Aufgaben. Wir machen die anderen von uns abhängig und hindern sie daran, selbst mit ihren Schwierigkeiten umgehen zu lernen.

Rückblickend verstehe ich jetzt besser, was George C. Marshall, der Friedensnobelpreisträger und Initiator des Marshall-Plans, mit seinem Ausspruch meinte: «Willst du einen anderen für dich einnehmen, dann laß ihn nie fühlen, daß er von dir abhängig ist. Gib ihm das Gefühl, daß du in irgendeiner Weise von ihm abhängst.» Und wie sagte doch Benjamin Franklin? «Nie wird ein Freund schneller zum Feind, als wenn er uns etwas schuldet.»

Als ich das Gespräch, das ich beim Essen mit dem Minuten-Manager geführt hatte, noch einmal an mir vorüberziehen ließ, fiel mir noch mehr auf. Er befürchtete offenbar, ich könnte mich zu einem «Retter» entwickeln – zu einem Menschen, der anderen Dinge abnimmt, die sie sehr gut selbst erledigen können und ihnen dadurch zu verstehen gibt, sie wären «nicht okay». Durch den Minuten-Manager war mir klargeworden: Jedesmal, wenn ein Mitarbeiter mit einem Problem zu mir kam und ich ihm eilfertig den Affen von den Schultern nahm, gab ich ihm im Grunde zu verstehen: «Du bist nicht fähig, dieses Problem zu lösen. Deshalb kümmere ich mich lieber selbst darum.» Der Minuten-Manager hatte mir versichert, ich stünde mit meinem Drang, anderen zu helfen, keineswegs allein. Tatsächlich habe sich daraus in unserem Land schon eine Art Seuche entwickelt. Er selbst habe schon daran gedacht, eine Organisation namens «Anonyme Retter» ins Leben zu rufen – für Menschen, die sich zwanghaft um die Affen anderer kümmerten. Es handele sich dabei um eine Versammlung von «Wohltätern», überaus freundlichen Menschen, die sich immer wieder bemühten, anderen zu helfen. In Wirklichkeit schadeten sie den Empfängern ihrer Hilfsbereitschaft aber mehr als sie ihnen nützten, denn diese verlören jegliche Initiative und würden von ihren Rettern abhängig. Der Minuten-Manager sagte, in unserer Regierung und überall in der Gesellschaft hätten wir diesen Rettungsdrang praktisch institutionalisiert.

Dann hatte der Minuten-Manager das Ausmaß der Rettungsmentalität in unserem Land durch ein Beispiel verdeutlicht. Er sprach von den Jungen, die überall auf den Straßen Baseball spielen. Ich habe seine Worte noch genau im Ohr:

«Wenn wir in meiner Jugend Baseball spielen wollten, gab es drei Probleme. Als erstes brauchten wir eine Ausrüstung. Damals brauchte man, wenn man mitspielen wollte, unbedingt einen Schläger. Der war in jener Zeit nicht so leicht zu kriegen, und wenn er zerbrach, hätten wir nicht im Traum daran gedacht, nach Hause zu laufen und unsere Eltern um einen neuen zu bitten. Statt dessen hämmerten wir ein paar Nägel hinein und wickelten Isolierband drumherum. Daß ein Baseball weiß, habe ich erst mit neun Jahren erfahren – als wir unseren ersten Fernseher bekamen. Unsere Bälle waren alle mit schwarzem Klebeband umwickelt. Bei großen Exemplaren wußte man manchmal tatsächlich nicht, ist das ein Softball oder ein Hardball, der durch das viele Band so groß geworden ist. Manche Bälle waren unglaublich schwer. Wenn man es schaffte, dem Shortstop einen Flugball zuzuwerfen, galt das schon als langer Wurf.

Und Handschuhe? Handschuhe hatte damals kaum einer von uns, und ich kam nicht aus einer armen Gegend. Ich kann mich nicht erinnern, ein einziges Mal aus dem Feld zum Schlagmal hereingelaufen zu sein, ohne meinen Handschuh einem Mitspieler zuzuwerfen, der ins Feld hinauskam. Heute haben manche Jungen sogar zwei oder drei verschiedene Handschuhe.

Wenn wir die Ausrüstung beisammenhatten, war das zweite Problem, einen Platz zum Spielen zu finden. Stadtjungen suchten sich eine verkehrsarme Straße, wo die Anwohner ihre Wagen um die Ecke parken konnten. Als Male nahmen sie Kanaldeckel, Hydranten und ähnliches. Auf dem Land, wo ich wohnte, suchten wir ein unbebautes Grundstück oder einen Acker und sammelten alle Steine auf bis auf die vier, die wir für die Male brauchten.

Hatten wir das Gerät und ein Spielfeld», fuhr der Minuten-Manager fort, «mußten wir noch Mitspieler suchen. Da wir nie viele waren, mußte man nehmen, was da war. Ein Team umfaßte dann meist alle Altersgruppen von sieben oder acht bis achtzehn. Ich hatte richtige Helden, als ich klein war. Ich weiß noch gut, wenn Harry Haig bloß ‹Tag› zu mir sagte, war ich im siebten Himmel. Wenn er mich aufforderte, ins rechte Feld zu gehen, beklagte ich mich nie. Ich murrte auch nicht, wenn dann ein linkshändiger Schlagmann dran kam und Harry rief, ich sollte ins linke Feld gehen.* Ich war nie beleidigt oder beschwerte mich bei meinen Eltern, daß ich nicht genug zum Zuge käme. Es war klar, wenn ich abwartete, würde ich später auch Werfer, Fänger oder dritter Baseman spielen können.

Wenn wir es geschafft hatten, eine Ausrüstung, ein Spielfeld und eine Mannschaft zusammenzubekommen, fingen wir an, den Ball zu schlagen und die verschiedenen Positionen unter uns zu verteilen. Es dauerte nicht lang, und wir fanden uns richtig gut. Dann sagte vielleicht einer: ‹Ich habe gehört, Keith Dollar hat eine Mannschaft, die spielen bei ihm in der Nachbarschaft.› Einer von uns sprach Dollar in der Schule an und forderte sein Team zu einem Spiel auf. Wir kämpften und gewannen, und dann meinte vielleicht ein anderer: ‹Ich glaube, Bill Bush hat eine Mannschaft.› Dann forderten wir Bill Bushs Mannen heraus und besiegten sie. Am Ende hatten wir eine Liga mit sechs Mannschaften: die Berrian Bombers, die Seacord Sissies, die Abafoil Asses und noch ein paar andere. Aber wer plante,

* Ein verlorener Posten, wo man keine Ruhmestaten vollbringen kann. (Anm. d. Ü.)

organisierte, leitete das Ganze? Wir! Wer sorgte dafür, daß die Spieler bei der Stange blieben? Wir!» Der Minuten-Manager sagte das nicht ohne Stolz.

«Und wer macht heute die ganze Arbeit?» fuhr er dann fort. «Die Eltern. Die Kinder brauchen sich bloß noch in ihre Sportklamotten zu werfen. Und in was für Sportklamotten! Da laufen dann lauter kleine Joe DiMaggios und Willie Mays herum. So ist es nicht nur im Baseball, sondern in allen Jugendsportarten.

Letztes Jahr habe ich mit einem Topmanager eines kanadischen Unternehmens gearbeitet. Nachmittags fragte er mich, ob es mir etwas ausmachen würde, mit ihm zusammen seinen Sohn abzuholen und zum Jugendhockey zu bringen. Wir fuhren also zu ihm nach Hause. Er hupte. Die Tür ging auf und heraus wankte, unter einer gewaltigen Sportausrüstung fast nicht mehr zu sehen, ein Junge. Er spielte offenbar Torhüter. ‹Wie alt ist Ihr Sohn?› fragte ich, denn das war beim besten Willen nicht zu erkennen.

‹Sieben›, war die Antwort. Auf halbem Weg zum Auto stolperte der Junge und fiel auf den Gehsteig. Wären wir nicht aus dem Auto gestiegen und hätten ihm aufgeholfen, wäre er nie wieder hochgekommen. Mit den ganzen Sachen am Leib hätte er sich nicht mehr allein aufrappeln können.» Ich nickte. Genauso war es. «Ich habe als Kind auf dem See vor der High School Eishockey gespielt», erinnerte sich der Minuten-Manager. «Oft brauchten wir den ganzen Nachmittag, um den Schnee von der Eisfläche zu fegen. Und wenn wir dann fertig waren und uns zum Spiel bereitmachten, kamen schon unsere Mütter und riefen uns zum Abendessen. Nachts schneite es dann womöglich wieder und am nächsten Tag mußten wir das Eis wieder saubermachen. Wenn die Eisbahn endlich in Ordnung war, legten wir zwei Steine an jedes Ende. Das waren die Tore. Wer damals Torhüter spielte und nur entfernt in Verdacht kam, einen Unterleibsschutz zu tragen, galt sofort als Weichling.

Heute werden die Kinder in voller Montur zum Sport gefahren. Niemand würde ihnen eine zusätzliche Anstrengung zumuten. Sie spielen auf tollen Spielfeldern mit einem Erfrischungsstand, und die Mütter und Väter reißen sich die Beine aus, um heiße Würstchen und Hamburger und alle möglichen Leckerbissen bereitzuhaben. Wir wollen doch nicht, daß unsere Kinder Hunger leiden!

Im Zuschauerraum sitzen Eltern mit Anschreibeblocks aus der regulären Baseball-Liga und schreiben die Punkte auf. Wenn ein Junge die dritte Base erreicht und der Feldspieler ihn rauswirft, zerbricht sich der arme Vater den Kopf, wieviel Punkte er jetzt aufschreiben muß, als ob es um die Weltmeisterschaft ginge.

Im Außenfeld steht ein Junge und rackert sich ab, die Anzeigetafel auf dem laufenden zu halten. Wir haben die Punkte früher mit einem Stock in den Sand gezeichnet. Immer wieder kamen von der gegnerischen Mannschaft welche an und sagten: ‹Den Lauf hast du nicht bekommen› und löschten mit dem Fuß die Markierung aus. Da mußte man sie eben wegstoßen und den Punkt erneut anzeichnen.

Aber das Tollste ist», der Minuten-Manager war ganz empört, «daß man heute nach dem Spiel noch nicht einmal den Gegner hochnehmen kann. Heute läuft alles zu Baskin-Robbins oder Häagen-Dazs und schleckt Eis! Hast du je versucht, an einem Samstagnachmittag Eis zu holen? Alle Jungen der Stadt drängen sich in der Eisdiele, Legionen zukünftiger Hauptligisten, und schreien nach Eis.

Als Eltern nehmen wir unseren Kindern immer wieder den ‹nächsten Schritt› ab. Daher klammern sich die Affen auf unserem Rücken fest, und unsere Kinder lernen nicht, Verantwortung zu übernehmen. In unserem aufrichtigen Drang, ihnen die guten Dinge zu geben, die wir selber nicht hatten, vergessen wir manchmal ganz, ihnen das Gute zu geben, das wir hatten. Die Kinder können heute nichts mehr mit sich anfangen, wenn man kein Programm für sie macht», betonte der Minuten-Manager.

«Wenn ich als Kind zu meiner Mutter lief und sagte, mir sei langweilig, gab sie mir einen Klaps auf den Hintern und fragte: ‹Ist das vielleicht die Abwechslung, die du brauchst?› Oder sie sagte: ‹Prima! Dann geh und mach die Garage sauber.› Das half uns immer ganz schnell über die Langeweile hinweg.»

DURCH DEN MINUTEN-MANAGER und das von ihm empfohlene Seminar begann ich einzusehen, daß ich andere Menschen um so abhängiger mache, je mehr ich für sie regle. Tue ich zuviel für sie, leidet ihre Selbstachtung und ihr Selbstvertrauen, und mir bleibt keine Zeit mehr für meine eigenen Aufgaben.

Die Affen in meinem Zimmer (meine und die meiner Mitarbeiter) waren jämmerlich entkräftet, weil ich mich so wenig um sie gekümmert hatte. Im Geist strich ich dem Affen eines meiner Mitarbeiter über den Kopf und sagte: «Sei ganz ruhig, kleines Äffchen, bald kommst du dahin, wo du hingehörst.» Und mit einem Blick auf meine eigene Horde fügte ich hinzu: «Und für euch habe ich endlich mehr Zeit!»

Ein optimistisches Gefühl überkam mich, als ich auf das Plakat an der Wand meines Zimmers sah, das mir meine Frau vor ein paar Jahren geschenkt hatte. Es zeigte Sir Isaac Newton unter einem Apfelbaum, wie er eben von einem Apfel am Kopf getroffen wurde. Darunter stand:

Erfahrung ist
nicht einfach das, was wir
erleben, sondern was wir aus
unseren Erlebnissen
machen.

*

Experience is not what
happens to you; it's what you do
with what happens
to you.

ALS ICH AN JENEM FREITAG nach dem Lunch wieder an meinem Schreibtisch saß, war mir bewußt, daß sich mein Leben gerade entscheidend zum Besseren gewendet hatte. Zugleich hatte ich den leisen Verdacht, daß es noch viel mehr zu lernen gab. Dennoch verließ ich das Büro früh, um endlich wieder einmal ein Wochenende mit meiner Familie zu verbringen.

Vielleicht fragen Sie sich, was mit meiner Affen-Sammlung geschah, als ich am Montag darauf wieder zur Arbeit kam. Nicht sehr viel, um es ehrlich zu sagen. Denn erstens wußte ich nicht, was ich mit ihr anfangen sollte, und zweitens rackerte ich die ersten drei Tage dieser Woche wie verrückt, um alles soweit fertigzuhaben, daß ich das vom Minuten-Manager empfohlene Seminar besuchen konnte.

Das Seminar «Der Umgang des Managers mit der Management-Zeit» erwies sich als mindestens so lehrreich, wie der Minuten-Manager gesagt hatte. Am besten gefiel mir, daß man das Gelernte sofort in die Praxis umsetzen konnte. Ich sehnte den nächsten Montag geradezu herbei. Ich würde den Affen geben, was sie verdienten. Sie können es mir glauben: Dieser Montag war ein Tag, den meine Mitarbeiter und ich nicht so bald vergessen werden. Als ich am Montagmorgen zur Arbeit fuhr, überdachte ich noch einmal voller Vorfreude die Strategie, die ich gegenüber meinen Mitarbeitern anwenden wollte. Ich konnte kaum den Moment erwarten, da ich die Affen meiner Mitarbeiter an ihre rechtmäßigen Eigentümer zurückgeben würde.

Es war starker Verkehr an diesem Morgen, so daß ich etwa zehn Minuten zu spät ins Büro kam – gerade genug Zeit, daß sich meine Mitarbeiter, wie so oft, vor meiner Tür versammelten, um ihre Aufsichtspflicht gegenüber ihren Affen auszuüben.

Als ich an ihnen vorbei in mein Zimmer ging, spürten sie und ich, daß eine wesentliche Veränderung bevorstand. Ich wußte, was geschehen würde; sie erkannten an meinem Lächeln, daß sie es nicht wußten. So hatte ich an einem Montagmorgen noch nie gelächelt. Dieses plötzliche neue Verhalten von mir bewirkte, daß sie wie auf Kommando nervös schluckten. (Plötzliche, durchgreifende Veränderungen machen den Menschen angst.)

Ich mußte lächeln, denn ich sah meine Mitarbeiter in einem ganz neuen Licht. Lange Zeit hatte ich sie als die Haupt*quelle* meiner Probleme angesehen, aber an diesem Morgen erkannte ich auf einmal, daß sie die eigentliche *Lösung* meines Problems waren. Ich erkannte, daß jeder von ihnen auf dem Rücken Platz für mehrere Klammeraffen hatte. Als ich in mein Zimmer ging, bemerkte Valerie, meine Sekretärin, daß ich etwas unterließ, was ich seit Jahren immer getan hatte. Ich vergaß, meine Tür zuzumachen. Da fing *sie* an, nervös zu schlucken. (Merken Sie etwas? Ohne ein Wort zu sagen, hatte ich alle meine Mitarbeiter durcheinandergebracht.) Von drinnen rief ich ihr zu, wer als erster an der Reihe sei. Sie traute ihren Ohren nicht. «Sie meinen, Sie wollen wirklich jemanden sehen?» fragte sie. Darauf ich: «Für mein Leben gern will ich das! Wer ist der erste?»

Damit tat ich, wie es mich der Seminarleiter gelehrt hatte, den ersten Schritt aus der Misere: Ich stieß die Affen meiner Mitarbeiter ab. Im Lauf des Morgens bat ich alle meine Mitarbeiter herein. Ich ging bei allen gleich vor. Erst entschuldigte ich mich bei ihnen für mein Bremsen und versprach, daß ich das nicht noch einmal tun würde.

DANN SETZTE ICH meinen Mitarbeitern ihre Affen auf den Rücken, lehnte mich zurück und genoß den erhebenden Anblick, jeden von ihnen mit mehreren, fest angeklammerten Affen aus der Tür gehen zu sehen... Und ich versäumte auch nicht, noch am selben Tag bei allen nachzufragen, wie sie es so oft bei mir getan hatten: «Wie läuft's?» (Das ist «Job Enrichment» für Führungskräfte!)

Als der letzte meiner Mitarbeiter an jenem Morgen hinausgegangen war, blieb ich allein zurück und überdachte, was geschehen war. Das Offensichtlichste war, daß meine Tür jetzt offenblieb, und trotzdem waren keine Mitarbeiter und keine Affen im Zimmer. Ich hatte mir gleichermaßen freie Zeit für mich und freien Zugang zu mir gesichert! Zum erstenmal seit langer Zeit hatte ich Zeit für meine Mitarbeiter – aber sie hatten keine Zeit für mich. Was für ein wichtiger Lernschritt:

Je mehr man
sich die Affen seiner Leute
vom Leibe hält, desto mehr
Zeit kann man seinen
Mitarbeitern
widmen.

*

The more you get rid
of your people's monkeys,
the more time you have
for your people.

Kurz darauf geschah etwas, was mir diese Einsicht noch einmal deutlich vor Augen führte. Es war zwei Tage nach dem Montag, als ich allen meinen Mitarbeitern ihre Affen zurückgegeben hatte. Ich saß, allein und bei offener Tür, in meinem Zimmer, hatte die Füße auf den Schreibtisch gelegt und dachte nach. Ich dachte darüber nach, wie ich meinen Mitarbeitern die Arbeit erleichtern könnte. (Im Grunde genommen arbeitete ich für sie, aber ich machte nicht ihre Arbeit!) Meine Mitarbeiter bearbeiteten derweil ihre Affen, und ich hatte zwei Tage lang nichts von ihnen gesehen und gehört. Unter uns gesagt: Ich war einsam. Ich hatte das Gefühl, nicht mehr gebraucht zu werden.

Doch durch einen glücklichen Zufall kam gerade in diesem Moment Erik zu mir, um ein Problem zu besprechen. Als er ins Vorzimmer kam, sah er, daß meine Tür offen war, aber von da aus, wo er stand, konnte er mich nicht sehen. Bisher war meine Tür nie offen gewesen, wenn ich im Zimmer war, deshalb muß er angenommen haben, ich sei nicht da. Als er Valerie fragte, antwortete sie: «Doch, er ist da.» Erik war überrascht, daß er stammelte: «Also, wann äh... kann ich ihn sprechen?» Valerie: «Gehen Sie ruhig hinein. Er sitzt einfach nur da und tut überhaupt nichts!»

Als Erik anklopfte, wurde mir noch einmal bewußt, wie einsam ich gewesen war. Ich begrüßte ihn freudig: «Bitte kommen Sie herein und setzen Sie sich! Ich bin so froh, Sie zu sehen. Wollen Sie eine Tasse Kaffee? Sprechen wir in aller Ruhe miteinander. Was machen Ihre Frau und Ihre Kinder?» Eriks Antwort zeigte mir, daß er diese Begrüßung vielleicht ein wenig überschwenglicher und ausführlicher fand, als die Situation es verlangte. Kopfschüttelnd sagte er: «Für solche Sachen habe ich jetzt keine Zeit!» *Auf einmal hatte ich mehr Zeit für ihn als er für mich!*

Wie jeder, der es schon einmal mitgemacht hat, wußten meine Mitarbeiter, wie frustrierend es ist, für einen Vorgesetzten zu arbeiten, der nie Zeit für einen hat. Deshalb bemühte ich mich jetzt, immer mehr Zeit für sie zu haben als sie für mich.

Das wird möglich, indem ich meine Zeit für sie ausdehne, aber ihre Zeit für mich kurz halte. Ich führe Buch darüber, wie ich damit klarkomme, indem ich bei jedem Treffen mit einem Mitarbeiter notiere, wem als erstem die Zeit ausgeht: Fehlt ihnen öfter die Zeit als mir, ist das ein gutes Zeichen dafür, daß sie selbständiger werden.

Ich habe inzwischen bei meinen Mitarbeitern den Ruf gewonnen, der zugänglichste Manager zu sein, den sie je kennengelernt haben. Sie können mich sehen, sooft sie wollen (das ist nicht sehr oft) und so lang sie wollen (das ist nicht sehr lang). Das ist jetzt ein himmelweiter Unterschied zu der Zeit vor meiner «Wende».

AUSSERDEM KONNTEN MEINE MITARBEITER, nachdem sie an jenem Montag die Kontrolle über ihre Affen übernommen hatten, nun wieder selbständig handeln. Sie brauchten nicht mehr frustriert darauf zu warten, daß *ich* etwas tat – und ich brauchte kein schlechtes Gewissen mehr zu haben, weil ich ihnen aus Zeitmangel immer wieder die Antwort schuldig blieb. Ich blockte sie nun nicht mehr ab wie in der Zeit, als ich ihre Affen in meinem Zimmer beherbergt hatte. Binnen weniger Stunden hatte ich meine eigene Unentbehrlichkeit (ohne mich konnten meine Mitarbeiter nichts machen) abgeschüttelt und war entbehrlich geworden. Ich hatte ja gelernt, daß unentbehrliche Chefs für jedes Unternehmen schädlich sind, weshalb sie auch meist rasch ersetzt werden. Aber Chefs, die ihre Mitarbeiter nicht abblocken, können sterben und werden noch nicht einmal vermißt. Und verstorbene Chefs, die niemand vermißt, sind eine solche Seltenheit, daß sie praktisch unersetzbar sind. Woher das kommt?

Wenn Sie als Manager Ihre Mitarbeiter dahin bringen, daß sie ihre Affen selbst füttern und versorgen, dann managen Ihre Mitarbeiter ihre Arbeit selber. Und Ihnen bleibt genügend freie Zeit für Planung, Koordination, Einführung von Innovationen, Personalentwicklung und all die anderen wichtigen Führungstätigkeiten, die dafür sorgen, daß Ihr Team auch in Zukunft gut funktioniert.

Nachdem ich an jenem Montag so weit gekommen war, wurde es nun Zeit, meinen Schritt im größeren Zusammenhang zu sehen. Ich hatte also meinen Mitarbeitern ihre Affen zurückgegeben, wie es den Onckenschen Regeln für das Affen-Management entspricht. Dazu gleich eine Übersicht:

Onckens Regeln für das Affen-Management

Chef und Mitarbeiter müssen so lange miteinander sprechen, bis jeder Affe seine Grundausstattung hat:

Regel 1 – *Eine Definition:*
Die nächsten Schritte werden festgelegt.

Regel 2 – *Einen Besitzer:*
Der Affe wird einem Mitarbeiter zugeteilt.

Regel 3 – *Versicherungspolicen:*
Das Risiko wird abgedeckt.

Regel 4 – *Futter und Untersuchungstermine:*
Zeit und Ort für eine Nachuntersuchung werden bestimmt.

Affen-Management bedeutet, daß die *richtigen Mitarbeiter* zur *richtigen Zeit* auf die *richtige Art* das *Richtige* tun.

Diese Regeln sind sehr wichtig. Denken Sie nur einmal an die Besprechungen zurück, die Sie mitgemacht haben. Sie werden angesetzt, um ein bestimmtes Problem zu lösen, enden aber meist, ohne daß sich alle Beteiligten darüber einig sind, *was* denn nun die nächsten Schritte sind, *wann* sie zu tun sind und *wer* genau dafür verantwortlich ist.

Aber solange niemand weiß, worin der nächste Schritt besteht, kann man ihn nicht tun. Das ist das große Problem solcher Besprechungen. Und wenn niemand die Verantwortung dafür bekommen hat, daß etwas getan wird, dann sind alle (das heißt in Wirklichkeit: keiner) verantwortlich, was die Chancen erhöht, daß überhaupt nicht gehandelt wird. Manchmal wird klar gesagt, was als Nächstes zu tun ist und wer es tun soll, aber man unterläßt es, einen genauen Termin festzulegen. Dann wird die Sache meistens verschleppt, denn wir sind alle viel zu sehr mit dringenden Angelegenheiten beschäftigt, um auch noch die Zeit für aufschiebbare Dinge aufzubringen.

Die Regeln des Affen-Managements sollten nur auf Affen angewandt werden, die auch eine Lebensberechtigung haben. Das ist nicht bei allen der Fall. Manche gehören in die gleiche Kategorie wie der britische Beamte, der auf den Weißen Klippen von Dover stand, um eine Glocke zu läuten, falls die napoleonischen Truppen über den Kanal kämen – ein Posten, der bis zum Jahr 1948 besetzt war. Fragen Sie sich immer: «Warum tun wir das?» Wissen Sie keine plausible Antwort, dann jagen Sie den Affen in die Wüste, damit Sie nicht Aufgaben effizient erledigen, die Sie eigentlich gar nicht erst anpacken dürfen.

UM DIE REGELN des Affen-Managements richtig zu verstehen und anzuwenden, muß man sich immer vor Augen halten, was ein Affe ist. Denken Sie daran: Affen sind nicht Projekte oder Probleme, sondern immer das, was bei einem Projekt oder einem Problem als *nächster Schritt* getan werden muß.

Regel 1 besagt, daß der Vorgesetzte und sein Mitarbeiter nie auseinandergehen sollen, bevor sie nicht die geeigneten nächsten Schritte festgelegt haben. Das kann folgendermaßen aussehen: «Erfragen Sie in der Buchhaltung, wie hoch die endgültigen Kosten sind», «Bereiten Sie ein Verkaufsangebot vor», «Denken Sie über die Sache nach», «Schreiben Sie eine Empfehlung» oder «Lassen Sie den Vertrag unterzeichnen».

Diese Regel hat drei Hauptvorteile. Der erste: Wenn meine Leute im voraus wissen, daß unsere Besprechung erst mit der Festlegung geeigneter nächster Schritte endet, *bereiten sie unser Gespräch viel besser vor.* Meine Vorgesetzte hat mir das schon vor langer Zeit beigebracht. Ich lag ihr einmal mit meinen Problemen in den Ohren und wollte von ihr wissen, was ich tun sollte. «Sie meinen, Sie wissen nicht, was Sie tun sollen?» fragte Alice zurück. Ich verneinte. «Ich weiß es auch nicht», antwortete sie. «Dann sind wir also schon zwei, die es nicht wissen. Das ist ganz klar einer zuviel!» Auf diese Weise stieß sie mich darauf, daß ich für jedes Problem oder jede Möglichkeit, auf die ich sie anspreche, schon gleich ein paar fundierte «nächste Schritte» empfehlen muß. Dadurch wird verhindert, daß wir im Korridor stehen und uns überlegen, was jetzt in der Situation zu tun ist. Diese Überlegungen stelle ich vor unserem Gespräch an.

Der zweite große Vorteil von Regel 1 ist, daß sie *in jeder Situation die Aktivität der Mitarbeiter in den Mittelpunkt rückt.* In vielen Fällen tut sich ja überhaupt nichts, solange nicht jemand den «nächsten Schritt» macht. Wenn sich ein Problem oder eine Möglichkeit zum erstenmal zeigt, kann man oft nicht sofort entscheiden, was die beste Lösung ist und worin die potentiellen Risiken liegen. In solchen Fällen und vor allem, wenn viel auf dem Spiel steht, ist es für den Vorgesetzten sehr verlokkend, den Affen vorsichtshalber auf den eigenen Rücken zu nehmen. «Ich denke darüber nach und spreche Sie wieder an.»

Damit sind der Mitarbeiter und das ganze Projekt erst einmal kaltgestellt, bis der Chef etwas unternimmt. Er hat dem Mitarbeiter die Initiative abgenommen. Wenn andererseits die «nächsten Schritte» in der Besprechung klar festgelegt werden, zeigt sich oft, daß der Untergebene viele von ihnen sehr gut ausführen kann, zum Beispiel, wenn es heißt: «Informieren Sie sich gründlich über die Angelegenheit und überlegen Sie, was zu tun ist» oder «Formulieren Sie eine Empfehlung auf Grund der bisher bekannten Daten.» Auf diese Weise bleibt die Situation nicht in der Schwebe, bis der Boss Zeit zum Handeln findet.

Der dritte und vielleicht der größte Vorteil, wenn wir nach Regel 1 die «nächsten Schritte» festlegen: Dem Zuständigen, der für den Affen verantwortlich ist, bringt das oft einen *vierfachen Motivationsschub*. Durch die Definition des Affen *klärt* er erstens den «nächsten Schritt». Je genauer man weiß, was zu tun ist, desto energischer und eifriger geht man ans Werk. (Erinnern Sie sich daran, wie zaghaft Sie ein lästiges Problem anpakken, wenn Sie nur verschwommen wissen, was Sache ist.)

Die Definition des Affen erhöht die Motivation, indem sie es uns zweitens erleichtert, den entscheidenden *ersten Schritt* bei einem Projekt zu tun. Oft ist der erste Schritt der schwierigste. Alles Weitere erscheint dagegen meist nicht mehr so schlimm.

Durch die Festlegung der «nächsten Schritte» wird das Projekt drittens sozusagen in *handliche Bissen* zerlegt. Es schüchtert viel weniger ein, an das Nächstliegende – zum Beispiel die Erledigung eines Telefonanrufs – zu denken als an den Einsatz, der zur Durchführung des gesamten Projekts nötig sein wird.

Die Festlegung dessen, was als erstes zu tun ist, erhöht die Motivation, weil sie es uns viertens ermöglicht, uns *abwechselnd* unseren Zielen und den «nächsten Schritten» *zuzuwenden*. Erscheint uns das Ziel der Vollendung des Projekts zu gewaltig, so hilft es uns, an den «nächsten Schritt» – etwa einen einfachen Anruf – zu denken. Erschlägt uns der Gedanke an all die vielen «nächsten Schritte», dann gibt uns die Befriedigung, die wir beim Erreichen des Endziels haben werden, neuen Auftrieb.

Hier nun ein paar Beispiele aus meiner eigenen Erfahrung, um zu zeigen, wozu die erste Regel des Affen-Managements gut ist. Wie war noch einmal die Definition eines Affen? *Ein Affe ist der «nächste Schritt», der getan werden muß.* Diese Definition sagt nichts darüber, wer für den Affen zuständig ist. Es ist deshalb möglich, daß eine Person für ein Projekt zuständig ist und eine andere Person den «nächsten Schritt» tut. Ich nutze diese Möglichkeit oft, indem ich verschiedene Mitarbeiter nach ihrer Meinung frage, was ich in bestimmten Projekten als nächstes tun sollte. Ich übertrage dadurch den Mitarbeitern den «nächsten Schritt», eine Empfehlung zu formulieren, wie ich in der Angelegenheit vorgehen soll. Dadurch verbessert sich nicht nur synergetisch mein «nächster Schritt» (zwei Köpfe sind schlauer als einer, wenn auch nicht unbedingt doppelt so schlau!), ich fördere dadurch auch die Fähigkeiten meiner Mitarbeiter und gebe ihnen eine Vorstellung davon, mit welchen Problemen ich mich herumschlage. Außerdem hilft diese Frage auch, meinen Nachfolger zu schulen (nicht unwichtig, wenn ich befördert werden will!)

Regel 1 gilt auch, wenn bei einer Besprechung zwischen mir und einem Mitarbeiter die Zeit davonläuft, bevor wir das Problem vollständig definiert und fundierte «nächste Schritte» aufgestellt haben. Wenn uns die Zeit ausgeht, heißt das, daß als nächstes das Affenbaby in Pflege zu nehmen ist – jemand muß die Verantwortung für die Angelegenheit übernehmen, bis wir uns wieder treffen. Also sage ich zu dem Mitarbeiter (in diesem Fall war es eine Mitarbeiterin): «Sprechen wir doch in zwei bis drei Tagen noch einmal miteinander. Solange überlasse ich Ihnen das Problem, für den Fall, daß Ihnen etwas dazu einfällt... was ich hoffe!» In den nächsten zwei Tagen kümmere ich mich nicht mehr um den Affen, und es kann gut sein, daß auch meine Mitarbeiterin *nichts* tut. Aber selbst wenn sie das Affenbaby nur in eine Schublade ihres Schreibtisches sperrt, ist es dort immer noch besser aufgehoben als in meinem Schreibtisch. Warum? Eine Schublade ist so dunkel wie die andere, und dem Äffchen ist es deshalb schnurzegal, in wessen Schreibtisch es hockt. Aber wenn ein Mitarbeiter dafür zuständig ist, könnte es zumindest sein, daß die Angelegenheit *etwas* vorangebracht wird. Auch wenn dieses Etwas nicht viel mehr als nichts ist, ist es immer noch sehr viel mehr, als ich in derselben Zeit tun kann. Und selbst, wenn dieses *Etwas* sich als falsch herausstellen sollte, war es nicht umsonst. Es gibt nur eine endliche Zahl von Arten, Dinge falsch zu machen, und meine Mitarbeiterin hat eben eine davon eliminiert!

Es lohnt sich immer, «nächste Schritte» festzulegen – hier noch ein letztes Beispiel dafür. Nehmen wir an, Sie besprechen eine bestimmte Frage mit einem Mitarbeiter und bitten ihn am Ende des Gesprächs um einen Lösungsvorschlag. Dann verabschieden Sie sich mit zufriedenem Lächeln; *er* ist am Zug, Lösungsmöglichkeiten zu benennen.

Aber das Lächeln vergeht Ihnen, als Sie diese, neun Seiten stark, in Ihrem Eingangskorb vorfinden. Nun sind Sie dran, die «nächsten Schritte» zu machen: die Empfehlung bedenken, entscheiden, was getan wird, es dann auch tun, und so weiter. Nun sind Sie der Ausführende und Ihr Mitarbeiter führt die Aufsicht.

Aus dieser Szene können Sie sehen, daß es sich im Affen-Handel nicht anders als im Schach oder im Dame-Spiel auszahlt, immer ein paar Züge vorauszudenken. Heute schalte ich solche Affen aus, indem ich meine Mitarbeiter bitte, mir ihre Memos persönlich zu bringen. Warum ich das tue? Wenn der Verfasser des Memos in meinem Büro erscheint, kann ich ihn oder sie bitten, mir das Geschriebene vorzulesen. (Einige haben gesagt, sie könnten den Inhalt in einem Drittel der Zeit, die ich zum Lesen brauche, referieren. Dann denke ich, wie gut, daß ich mir nicht die Zeit genommen habe, die übrigen zwei Drittel zu lesen!)

Wenn mir der Mitarbeiter das Memo vorliest oder vorträgt, habe ich Zeit nachzudenken, seinen Gesichtsausdruck zu beobachten und Fragen zu stellen. Das verhilft mir zu rascherem und gründlicherem Verständnis, als wenn ich das Ganze für mich allein gelesen hätte. Ein Memo, das ja immer aus Worten besteht, kann fehlinterpretiert werden. Außerdem steckt die Information meist mehr *zwischen* als in den Zeilen. Ich aber habe den Experten, der am meisten darüber weiß, vor mir sitzen und kann von ihm eine Antwort auf alle etwaigen Fragen bekommen.

ES GIBT NOCH unzählige andere Anwendungsbeispiele für Regel 1. Aber ich bin sicher, daß Sie die Grundidee jetzt verstehen. Sehen wir uns also die nächste Regel an, in der es darum geht, daß jeder Affe irgendwohin gehören muß.

Regel 2 des Affen-Managements besagt, daß *kein Gespräch zwischen einem Vorgesetzten und seinem Mitarbeiter beendet werden darf, solange nicht jeder Affe einem von ihnen übergeben worden ist*. Dieses Gesetz beruht auf mehreren tausend Jahren menschlicher Erfahrung, die zeigen, daß wir mit Dingen, die uns gehören, sorgfältiger umgehen als mit solchen, die uns nicht gehören. Solange unklar ist, wem ein Affe gehört, fühlt sich niemand persönlich für ihn verantwortlich und folglich kann auch niemand seinetwegen zur Rechenschaft gezogen werden.

Das Wohlergehen dieser betrieblich wertvollen Tiere erfordert, daß sie einen Besitzer haben. Wenn ich mit einem Mitarbeiter über eine die Arbeit betreffende Frage spreche, muß also jeder Affe, der dabei auftaucht, entweder ihm oder mir zugewiesen werden, bevor wir unsere Unterredung beenden.

Aber welcher Affe kommt zu wem? Ich rate Ihnen:

Alle Affen
gehören auf die unterste
Organisationsebene, auf
der ihr Wohlergehen
garantiert ist!

*

All monkeys must be handled
at the lowest organizational level
consistent with their
welfare!

Die Affen auf der unterstmöglichen Ebene zu halten, ist nicht, wie manche glauben, Drückebergerei oder ein Ausweichen vor der Verantwortung. Im Gegenteil. Schwerwiegende, legitime Gründe sprechen dafür: 1. Meine Mitarbeiter verfügen zusammen über mehr Zeit, Energie und Wissen, wie mit Affen umzugehen ist, als ich (Manager, die glauben, sie könnten ihre Mitarbeiter übertrumpfen, leiden unter *Leistungswahn*). 2. Meine Mitarbeiter sind näher an ihrem eigenen Arbeitsbereich als ich und dadurch besser befähigt, ihre Affen zu versorgen. 3. Mein Büro von den Affen anderer Leute freizuhalten ist der einzige Weg, mir ein wenig frei verfügbare Zeit zu sichern.

Seit meiner «Wende» habe ich deshalb gelernt, mich auf die Affen zu beschränken, die tatsächlich nur ich bearbeiten kann – die übrigen gehen an meine Mitarbeiter. Ich weiß, es gibt eine Grenze, bis zu der meine Leute belastbar sind, deshalb ermuntere ich sie immer wieder, es mir zu sagen, wenn sie an diese Grenze stoßen (sie müssen nur ein paar Vorschläge zur Lösung ihrer Probleme mitbringen). Aber aus Erfahrung weiß ich auch, daß meine Mitarbeiter oft mehr leisten können, als ich ihnen zutraue, und manchmal auch mehr, als sie selbst sich zutrauen!

Wenn Sie jetzt meinen, es sei leichter gesagt als getan, die Affen auf den untersten, noch vertretbaren Level herunterzudrükken, dann stimme ich Ihnen zu. Mir als einem bekehrten zwanghaften Affensammler braucht niemand zu sagen, welch starke Kräfte die Affen in der Hierarchie nach oben schieben.

Nachträglich erkenne ich viele Gründe, warum Affen sich quasi von selber nach oben hangeln. In meinem Fall waren es meine eigenen psychischen Bedürfnisse, die die Affen, wie Bananen an der Staude, nach oben lockten. Der Hauptgrund war, daß mir die Arbeit meiner Mitarbeiter einfach mehr Spaß machte als das Führen. Schließlich hatte ich früher genau dieselbe Arbeit gemacht, bevor ich aufgestiegen war, und ich hatte sie gut gemacht. Deshalb hat man mich ja auch befördert! Indem ich mich in den Bereichen meiner Mitarbeiter herumtrieb, gönnte ich mir eine Atempause von den Herausforderungen des

Managerdaseins (dieses Phänomen heißt auch das «Sandkasten»-Syndrom der Führungskräfte) und zugleich gab ich meinem Team Gelegenheit, einen Könner in Aktion zu bewundern!

Aber selbst wenn ich damals genau gewußt hätte, warum ich die Affen meiner Mitarbeiter sammelte, hätte ich es wahrscheinlich nicht zugeben können. Ich erkenne jetzt, daß ich mir ein ausgeklügeltes System von Rationalisierungen (intellektuell achtenswerter, schmeichelhafter Gründe, warum ich Arbeiten erledigte, die mich überhaupt nichts angingen) zurechtgelegt hatte. Haben Sie schon einmal einen der folgenden Sprüche gehört? «Wenn es ordentlich gemacht werden soll, muß ich es selber machen.» «Heutzutage kriegt man einfach keine gute Hilfe mehr.» «Diese Geschichte ist zu heiß für meine Mitarbeiter.» «Mein Chef erwartet, daß ich mich persönlich darum kümmere.» «Ich möchte das Projekt nicht ganz aus den Augen verlieren.» «Bevor ich das delegiere, habe ich es schon selbst erledigt.» «Ich will meine Mitarbeiter nicht um etwas bitten, wozu ich selbst nicht bereit wäre.»

Nicht nur persönliche Bedürfnisse sorgen dafür, daß Affen an die falsche Adresse geraten, manchmal tut das auch die Firmenpolitik. Ein Beispiel: In manchen Firmen hat man die Verantwortung für die Produktqualität denen, die das Produkt herstellen, weggenommen und sie einer eigenen Abteilung für Qualitätskontrolle übertragen. Wie sich gezeigt hat, sitzt hier der Affe auf dem falschen Rücken. Die Endprodukte weisen viel mehr Fehler auf als bei der ersten Lösung. Angesichts derartiger persönlicher und organisatorischer Einflüsse braucht es eine Kombination aus Geschick und Disziplin, um die Affen bei ihren rechtmäßigen Besitzern zu lassen. Vor allem Disziplin, denn ohne sie nützt alles Geschick nichts.

Große Disziplin ist nötig, um ein scheinbares Paradoxon im Managementbereich zu lösen: Manchmal verlieren Ihre Mitarbeiter die Lust, wenn Sie ihnen Höchstleistungen abverlangen, denn diese gelingen nur mit viel Anstrengung. Wenn sie Ihren

Mitarbeitern aber nicht ganz erstklassige Leistungen durchgehen lassen, bleibt die Stimmung nach außen ungetrübt. Es sieht demnach so aus, als ob Mitarbeiter nicht gern ihr Bestes geben wollten.

Die innere Dynamik dieses scheinbar paradoxen Sachverhalts sorgt oft dafür, daß Affen nicht bei ihren rechtmäßigen Besitzern belassen werden. Es ist manchmal leichter, sich selbst um einen Affen zu kümmern als mit den Problemen fertig zu werden, die entstehen, wenn er da bleibt, wo er hingehört. Aber Vorsicht! Das Paradoxon ist nur scheinbar, wie uns die großen Manager und Führergestalten der Geschichte zeigen.

Ich erinnere mich mit der größten Hochachtung an die Führergestalten, die wußten, daß die Menschen trotz ihres scheinbaren Widerstands auf lange Sicht nur denjenigen respektieren und lieben, der ihnen hilft, das Beste in sich zu entwikkeln.

Wollen Sie sich in diesem Punkt selbst bestärken, dann denken Sie nur an Ihre Schulzeit zurück. An welche Lehrer denken Sie mit der meisten Wärme? Ich erinnere mich am deutlichsten an ein paar richtige Pauker, die uns unnachgiebig und mit äußerster Konsequenz dazu antrieben, unser Bestes zu geben. Und was habe ich dagegen angestunken! Manchmal haßte ich sie richtig (und betete, sie möchten sterben). Aber ich arbeitete mit ganzer Kraft für sie, denn im Herzen wußte ich, daß sie nur mein Bestes im Auge hatten. Heute schätze ich sie höher als alle anderen Lehrer, von denen ich manche ganz vergessen habe. Zeitweise nahm ich es einigen sogar übel, daß sie zuließen, daß ich einen Teil meines Lebens vergeudete, obwohl ich natürlich selbst daran schuld war.

Ich fordere mir selbst hervorragende Leistungen ab und verlange von meinen Mitarbeitern nicht weniger. Ich ernte auch heute noch Widerspruch, wenn ich sie bis an ihre Grenzen treibe. Wenn sie sich wehren, höre ich sie an, aber ich vergesse nie das Beispiel meiner Lehrer und ein paar anderer großer Manager, die ich gekannt oder von denen ich gehört habe. Wenn meine Leute aufbegehren, denke ich an den Farmer, den sein Nachbar fragte, warum er seine Söhne denn so hart rannehme, es gehe doch nur um den Maisanbau. Der Farmer antwortete: «Ich ziehe nicht nur Mais, ich ziehe auch Söhne.»

Vergessen Sie also nicht:

Man kann
Menschen nur dadurch
zur Verantwortlichkeit
erziehen, daß man
ihnen Verantwortung
überträgt.

*

The only way to develop
responsibility in people is to
give them responsibility.

Sie haben gesehen: Man muß sehr *diszipliniert* sein, um den Affen nicht seinem rechtmäßigen Besitzer wegzunehmen. Ich möchte Ihnen nun noch ein paar Erlebnisse berichten, die Ihnen zeigen, wie man die zweite Regel des Affen-Managements *geschickt* einsetzt.

Bevor ich von diesen Dingen erfuhr, war Gordon, einer meiner Mitarbeiter, ein wahrer Affenfabrikant! Ob in der Eingangshalle, in der Kantine, im Lift oder auf dem Parkplatz, immer wenn ich ihn irgendwo traf, waren seine ersten Worte: «Wir haben da ein Problem.» Und fast unweigerlich landete der Affe – sein Affe – bei mir.

Doch seither habe ich gelernt, Gordons Affen Futter und Pflege zu verweigern. Ich habe mir einen Reflex antrainiert, der bei dem Wort «wir» sofort einsetzt. Höre ich den Satz «Wir haben ein Problem», sehe ich vor meinem inneren Auge einen Affen mit weit gespreizten Beinen, der halb auf meinem, halb auf Gordons Rücken sitzt. Dann vergegenwärtige ich mir die Risiken dieser Haltung – der Affe könnte sich einen Bruch und ich mir einen fremden Affen holen! Diese Vorstellung löst automatisch eine blitzschnelle Reaktion meines Zentralnervensystems aus.

Ich sage zu Gordon: «*Wir* haben kein Problem und werden auch nie wieder eins haben. Es gibt sicher ein Problem, aber das ist nicht unseres, sondern Ihres oder meins. Wir müssen als erstes die Pronomen klären und herausfinden, wessen Problem es ist. Stellt es sich als mein Problem heraus, hoffe ich, daß Sie mir dabei helfen. Ist es Ihr Problem, werde ich Ihnen auch helfen, aber nur unter folgender Bedingung: Auch wenn ich Ihnen bei Ihrem Problem helfe, wird Ihr Problem in keinem Moment zu meinem Problem, denn in dem Moment, in dem Ihr Problem mein Problem wäre, hätten Sie ja überhaupt kein Problem mehr, und ich helfe prinzipiell niemandem, der gar kein Problem hat!»

Bis ich mit meiner kleinen Ansprache durch bin, weiß der andere nicht mehr, warum er das Thema aufs Tapet gebracht hat. Er würde das Problem lieber allein bearbeiten als mir noch länger zuzuhören. Aber wenn der Schreck abgeklungen ist, besprechen wir zusammen das Problem. Danach legen wir «nächste Schritte» fest. Ich gebe ihm so viele wie möglich und behalte nur die, die zu Recht meine sind.

Diese Methode hat Gordon, meinem «Affenzüchter», gezeigt, daß der Affe nur einer Person gehören kann, daß *er* ihn besitzt, solange die Fakten nichts anderes sagen und daß die Beweispflicht bei ihm liegt. Würde ich selber den Beweis führen, übernähme ich damit einen Affen, mit dem ich nichts zu tun habe.

Auf diese Weise gebe ich dem Affen gar nicht erst die Gelegenheit zu einem Spagat. Er sitzt fest auf Gordons Rücken, bis der rechtmäßige Besitzer ermittelt ist.

Wenn Gordon mich davon überzeugt, daß der Affe meiner ist, nehme ich ihn ihm behutsam ab und plaziere ihn auf meinem Rücken. Stellt sich heraus, daß der Affe Gordon gehört, brauche ich ihn nicht zu delegieren – ich habe ihn Gordon ja noch gar nicht abgenommen! Den Satz «Wir haben da ein «Problem» hört man in unserer Abteilung jedenfalls nicht mehr oft.

Ein anderes Mal erhielt ich durch eine Art Blackout eine wertvolle Lektion, wie man Affen bei ihren wahren Besitzern beläßt. Es fing damit an, daß meine Mitarbeiterin Leesa zu mir sagte: «*Ich* habe da ein Problem.» «Ein Problem?» antwortete ich. «Sehen Sie es positiv. Es gibt keine Probleme, bloß Gelegenheiten!» Leesa: «Wenn das so ist, habe ich eine unüberwindliche Gelegenheit!» Ich mußte erst mal herzlich lachen, dann fragte ich: «Was ist das Problem?»

Leesa schilderte die Schwierigkeit, hatte aber keine Lösungsmöglichkeiten parat. Sie stand schweigend da, wahrscheinlich wartete sie darauf, daß ich ihr sagte, was sie tun sollte. Ich war aber damals noch so neu im Affen-Management, daß mir nichts einfiel, was ich hätte sagen oder tun können. Ich stand da, stumm wie ein Fisch, und überlegte krampfhaft, was ich tun sollte. Das Schweigen wurde länger. Ich fühlte mich unbehaglich. Ich weiß nicht, was Leesa dachte, aber auf einmal platzte sie heraus: «Ich glaube, ich denke noch mal drüber nach, dann wird mir sicher was einfallen.»

Das unbehagliche Schweigen hatte Leesa dazu gebracht, den Affen zu identifizieren, ihn als zu sich gehörig anzuerkennen und sich schleunigst zurückzuziehen! Ich bin durch Zufall auf dieses Verhalten gekommen, habe es aber seither bei verschiedenen Gelegenheiten mit gutem Erfolg angewandt. Ich habe auch Variationen kennengelernt; nicht nur Schweigen, auch eine volle Blase nach mehreren Tassen Kaffee oder eine Besprechung, die über den Arbeitsschluß hinaus andauert, kann soviel Unbehagen erzeugen, daß jemand sich den Affen schnappt und abhaut.

Das erinnert mich an eine Geschichte über den Umgang eines berühmten Zeitgenossen mit aufwärts springenden Affen in Form von unvollständigen Arbeiten seiner Mitarbeiter. Der Mitarbeiter hatte auf keines der üblichen Mittel zur Abhilfe angesprochen, weshalb der Manager beschloß, es auf drastischere Weise zu versuchen. Als er das nächste Mal ein unvollständiges Angebot von diesem Mitarbeiter bekam, gab er es mit dem Zusatz zurück: «Sie können es besser!» Der Untergebene verbesserte seine Arbeit und legte sie erneut vor, bekam sie aber ein zweites Mal und mit der Notiz zurück: «Ist das das Beste, was Sie leisten können?» Der Mitarbeiter nahm sich das Angebot noch einmal vor. Dieses Mal übergab er es persönlich seinem Chef und sagte: «Das ist das absolut Beste, was ich in dieser Angelegenheit bringen kann», worauf der Chef antwortete: «Gut, dann werde ich es jetzt lesen.»

DAS WAR'S ALSO für Regel 2, die Zuordnung der Affen zu ihren wahren Besitzern. Die Kerlchen sitzen inzwischen alle auf dem richtigen Rücken, jetzt müssen wir sie noch versichern, bevor wir sie in die Gefahren des Unternehmensdschungels schicken.

Regel 3 des Affen-Managements sagt, daß das Gespräch zwischen Vorgesetztem und Mitarbeiter nicht beendet ist, bevor nicht alle Affen eine Versicherung haben. Ihre Mitarbeiter wollen Handlungsfreiheit bei der Bearbeitung ihrer Affen; Sie tragen die Verantwortung für das Ergebnis. Regel 3 ermöglicht es, die Bedürfnisse von Mitarbeitern und Manager systematisch gegeneinander auszubalancieren.

Wenn Sie Ihren Mitarbeitern Handlungsbefugnis und Freiraum geben, nützt das Ihnen beiden. Sie als Manager gewinnen frei verfügbare Zeit, denn je mehr Freiheit Ihre Mitarbeiter haben, desto weniger Zeit und Energie brauchen Sie, um sie zu beaufsichtigen. Freiheit für Ihre Mitarbeiter heißt auch, daß diese die vielen Vorteile des Selbstmanagements genießen können (zum Beispiel mehr Befriedigung, mehr Tatkraft, höhere Arbeitsmoral).

Aber jeder Gewinn hat seinen Preis. Hier besteht er in den erhöhten Risiken, die die erhöhte Handlungsfreiheit Ihrer Mitarbeiter mit sich bringt. Wenn Mitarbeiter frei entscheiden können, machen sie auch Fehler. Die Affen werden versichert, um zu garantieren, daß Ihre Mitarbeiter nur *vertretbare* Fehler machen.

Zu diesem Zweck gibt es zwei verschiedene Policen:

Versicherungspolicen für Affen

1. Vorschlagen und dann handeln

2. Handeln und dann informieren

Stufe 1, *Vorschlagen und dann handeln* deckt die Situationen ab, in denen ein Mitarbeiter meiner Meinung nach in Gefahr ist, *un*vertretbare Fehler zu machen, wenn ich ihm ganz freie Hand gebe. In Fällen, wo ich befürchten muß, daß meine Mitarbeiter der Firma das Dach über dem Kopf anzünden könnten, brauche ich eine Handhabe, um das Streichholz vorher auszublasen, das heißt, ich möchte die Chance haben, das vorgeschlagene Vorgehen abzulehnen. Solche Befürchtungen ergeben sich vor allem bei Angelegenheiten, die so wichtig sind, daß – würden sie verpfuscht – ich den Sünder noch nicht einmal selbst wegen Unfähigkeit rausschmeißen könnte, weil ich dann schon nicht mehr auf meinem Stuhl säße. Bei solchen Projekten verlange ich von meinen Mitarbeitern Empfehlungen, die von mir gebilligt werden müssen, *bevor* die Mitarbeiter weiterarbeiten können. Diese Maßnahme gibt Schutz, frißt aber einen Teil meiner Zeit und des Handlungsspielraums meiner Mitarbeiter.

Stufe 2, *Handeln und dann informieren*, gilt für die Affen, die meine Mitarbeiter meiner Einschätzung nach ziemlich sicher erfolgreich bewältigen können. Hier können meine Mitarbeiter selbständig handeln und mich danach zu einem von ihnen gewählten Zeitpunkt über das Geschehene informieren. Sie bekommen einen großen Freiraum, und ich spare eine Menge Zeit an der Überwachung. Das Risiko ist: Tun meine Mitarbeiter etwas, was unsern ganzen Laden in Brand steckt, höre ich erst nachher davon, wenn ich nur noch den großen Schlauch nehmen und die Funken in der Asche ersticken kann.

Wer wählt den Versicherungsschutz für eine bestimmte Situation? Obwohl ich als Manager der getroffenen Entscheidung letztlich immer *zustimmen* muß, können beide Seiten auf Grund der vorliegenden Umstände die Wahl teffen. Manchmal entscheide ich, vor allem, wenn ich den Schutz der Versicherungsstufe 1 haben will. Meine Mitarbeiter murren manchmal ein bißchen, wenn ich Stufe 1 nehme, weil dadurch ihre Handlungsfreiheit eingeengt wird. Aber ich würde meine Führungsverantwortung aufgeben, wenn ich zuließe, daß sie allein operieren, obwohl begründete Aussicht besteht, daß sie nicht wiedergutzumachende Fehler begehen.

Natürlich ist es nicht möglich und auch nicht wünschenswert, daß ich meine Mitarbeiter bei allen Aufgaben auf eine bestimmte Versicherungsstufe festlege. Bei den meisten Vorhaben haben sie selbst die Verantwortung – und das Risiko! –, die Police zu wählen (wobei klar ist, daß ihre Entscheidung zu meiner Zufriedenheit ausfallen muß). Stufe 2 wählen sie nur, wenn sie selbst überzeugt sind, daß ich damit einverstanden bin, daß sie die Aufgabe auf ihre eigene Weise bearbeiten und mich später informieren. Sonst geben sie mir erst Empfehlungen und führen dann aus, was wir in unserem Zwiegespräch vereinbaren (Versicherungsstufe 1). Bin ich mit ihrer Vorgehensweise nicht einverstanden, habe ich das Recht, sie zu ändern. Meine Leitlinie dabei ist:

Soviel Freiraum
wie möglich und soviel
Kontrolle wie
nötig.

*

Practice hands-off
management as much
as possible and hands-on
management as much
as necessary.

In der Praxis läuft das so: Ich *ermutige* meine Mitarbeiter, wenn möglich Versicherungsstufe 2 zu wählen. Ich *verlange* von ihnen, wenn nötig Versicherungsstufe 1 abzuschließen.

Affen zu versichern verlangt Beweglichkeit. Ein Mitarbeiter kann Teilaufgaben mit den Befugnissen der Stufe 1, andere mit den Befugnissen der Stufe 2 ausführen. Was heute den Versicherungsschutz der einen Stufe erfordert, kann später, bei veränderter Sachlage, den Schutz der anderen Stufe nötig machen. Die folgenden Beispiele zeigen einen solchen Wechsel, der manchmal auf Veranlassung meiner Mitarbeiter, manchmal auf Veranlassung von mir vorgenommen wird.

Im ersten Fall geht es um Alex, einen früheren Mitarbeiter, der sich mehr Freiheit nahm, als meine Befürchtungen zuließen. Er versicherte alle seine Affen am liebsten nach Stufe 2 und informierte mich nur gelegentlich, unbeeindruckt von meiner Forderung, genauer über seine Schritte informiert zu werden.

Eines Tages ergab sich in einem seiner Projekte eine höchst bedenkliche Entwicklung. Meine Chefin entdeckte das eher als ich und sagte mir unmißverständlich die Meinung. Darauf ging ich schnurstracks zu Alex und tat dasselbe. Ich sagte ihm, welch unliebsame Überraschung seine Informationsverweigerung mir eben von meiner Vorgesetzten eingebracht hatte. Ich war sehr wütend. «Ich will ja nur, daß Sie mich über Ihr Vorgehen informieren, aber Sie tun es einfach nicht. Aber wir kriegen das schon hin! Ab heute bearbeiten Sie dieses Projekt nur noch in Absprache mit mir.» Vielleicht war das eine Überreaktion, aber schließlich handelte Alex so, daß ich mir damals zuviele Sorgen machte. Um nachts wieder ruhig schlafen zu können, mußte ich ihm die Befugnisse der Stufe 2 wegnehmen und ihn auf Versicherungsstufe 1 festlegen. Er akzeptierte meine Entscheidung, kehrte aber, wie Sie vielleicht ahnen, als ich mich beruhigt und er in seinem Projekt wieder Boden unter den Füßen hatte, rasch wieder auf Stufe 2 zurück.

Alex hatte sich zuviel Freiheit genommen. Aber ich hatte auch einmal den Fall, daß ich einer Mitarbeiterin zuviel Freiheit *gegeben* hatte. Maria bearbeitete eines ihrer Projekte überaus vorsichtig und tat kaum etwas, ohne mich erst davon zu unterrichten. Sie hatte Versicherungsstufe 1 gewählt, um buchstäblich jeden ihrer Schritte von mir absegnen zu lassen. Ich war überzeugt, daß sie die Aufgabe erledigen konnte, ohne mich ständig zu fragen. Deshalb sagte ich ihr, ich sei zuversichtlich, daß sie allein klarkommen könne und sie möge mich doch anschließend informieren.

Als sie mein Zimmer verlassen hatte, kamen mir jedoch Bedenken. Wenn sie so vorsichtig an die Sache heranging, sollte ich das vielleicht auch tun. Hatte ich vielleicht etwas Wesentliches übersehen? Ich rief sie zurück und fragte sie, was bei diesem Projekt schlimmstenfalls schiefgehen könnte und wie groß die Chancen seien, daß es schiefginge? Bei ihrer Antwort blieb mir fast das Herz stehen! Meine Knie wurden weich, ich schwitzte vor Aufregung. Meine Hände zitterten.

Ich hatte eine Heidenangst! Zwei Jahre früher hätte ich Maria den Affen vom Rücken gerissen, ihn mir an die Brust gedrückt und die Sache selbst übernommen. Jetzt schützte ich mich, indem ich den Affen von Versicherungsstufe 2 in Stufe 1 umgruppierte. Ich sagte Maria: «Ich habe mir die Sache überlegt. Bitte geben Sie mir Bescheid, bevor Sie in dieser Angelegenheit weiteres unternehmen.» Dann sank ich erschöpft in meinen Sessel zurück und war gleichzeitig erleichtert, daß ich die Situation noch rechtzeitig erkannt hatte.

Später, als Marias Projekt in ruhigeren Bahnen lief und sie und ich uns damit und miteinander mehr angefreundet hatten, wechselte sie aus eigenem Antrieb in den meisten Bereichen auf Versicherungsstufe 2 über.

Dieses Projekt wurde später jedoch so wichtig, daß meine Vorgesetzte sich genauer damit befaßte. Eines Tages fragte sie telefonisch an, wie es damit stehe. Ich erklärte, ich ließe Maria größtenteils selbständig arbeiten (Stufe 2). Sie habe gezeigt, daß sie das könne und ich wolle ihr Gelegenheit geben, ihre Fähigkeiten zu beweisen. Meine Vorgesetzte verlangte jedoch, wegen des betreffenden Kunden solle ich diese Aufgabe persönlich übernehmen. Ich versuchte sie davon abzubringen. Was sie mir dann sagte, bringt die Philosophie des Ausgleichs zwischen dem Wunsch der Mitarbeiter nach Handlungsfreiheit und der notwendigen unternehmerischen Sicherheit auf den Punkt: «Ich verstehe Sie gut», sagte meine Vorgesetzte, «aber dieses Projekt ist dafür zu riskant. Sie haben andere Möglichkeiten, Ihre Mitarbeiter zu fördern.» Und sie ermahnte mich:

Lassen Sie nicht
das Unternehmen über den
Jordan gehen, nur um sich
als guter Manager zu
profilieren.

*

Never let the company
go down the drain simply for the
sake of practicing good
management.

DIE LEISTUNG jeder Organisation besteht aus der Summe einer Unzahl «nächster Schritte», das heißt, der Erfolg einer Firma hängt von der Gesundheit ihrer Affen ab. Weil der Gesundheitszustand der Affen für das Unternehmen lebenswichtig ist, *müssen* die Affen von Zeit zu Zeit untersucht werden. Darauf beruht Regel 4 des Affen-Managements: *Das Gespräch zwischen Vorgesetztem und Mitarbeiter darf nicht beendet werden, bis der Affe einen Untersuchungstermin hat.*

Da Affen manchmal ganz plötzlich etwas fehlt, ist eine gründliche Untersuchung entscheidend. Kluge Menschen vereinbaren ja auch, selbst wenn sie ganz gesund sind, regelmäßige ärztliche Untersuchungen, um etwaige Erkrankungen so früh wie möglich zu erkennen und zu behandeln. Nicht anders bei Affen – ergibt die Untersuchung Probleme, wird ein Behandlungsplan aufgestellt. Zeigt der Check-up, daß der Affe kerngesund ist, kann der Besitzer sich freuen. Die Affen werden also aus zwei Gründen untersucht: Erstens, um die Mitarbeiter dabei zu erwischen, wie sie ihre Sache gut machen und sie dafür zu loben; zweitens, um Probleme zu erkennen und korrigierende Maßnahmen einzuleiten, bevor es zu einer Krise kommt. Diese Methode, Probleme aufzuspüren und in Ordnung zu bringen, hilft erstens die Ängste des Vorgesetzten zu mildern, und zweitens die Kompetenz der Mitarbeiter durch Training zu entwickeln – was wiederum das Zutrauen des Chefs zu ihren Fähigkeiten hebt und seine Ängste noch weiter herabsetzt, und drittens erhöht das Training die Chance, daß der Chef die Aufgabe schließlich an den Mitarbeiter delegieren kann.

Aus diesem Grund geht kein Affe auf dem Rücken eines meiner Mitarbeiter durch die Tür meines Büros, solange wir nicht einen Termin für eine gründliche Untersuchung vereinbart haben. Mir liegt daran, die Zahl der im voraus festgesetzten Untersuchungstermine möglichst klein zu halten. Deshalb rücke ich den Termin so weit wie möglich in die Zukunft, wie es ratsam wäre, wenn der Affe nicht schon in der Zwischenzeit überprüft würde. Ich habe jedoch mit meinen Leuten eine Abmachung getroffen. Geschieht etwas, was sie oder mich an der Gesundheit des Affen zweifeln läßt, so kann jeder von uns veranlassen, daß ein früherer Untersuchungstermin angesetzt wird.

Hier folgt nun ein Beispiel dafür, woran ein Affe erkranken kann. Es zeigt auch, warum es gelegentlich nötig ist, die Untersuchung vorzuverlegen. Manchmal, wenn ich durch die Abteilung gehe, um mich auf dem laufenden zu halten und meine Mitarbeiter wissen zu lassen, daß ich an ihnen und ihrer Arbeit interessiert bin, fällt mir auf, daß ein Affe krank aussieht (er ist durch mangelnde Pflege unterernährt oder hat irgendeine Krankheit, weil er falsch behandelt wurde). Das Problem des Affen ist selten die Folge von Faulheit, Achtlosigkeit, Boshaftigkeit oder ähnlichem. Meist ist er krank, weil meine Mitarbeiter, wie alle vielbeschäftigten Leute, Prioritäten setzen müssen, und so kommen die Affen ganz unten auf der Liste manchmal zu kurz. Und daß meine Mitarbeiter mir deswegen noch nicht Bescheid gesagt haben, kommt daher, daß die meisten von ihnen ihre Probleme lieber selbst lösen, als mich damit zu behelligen... *was natürlich auch wieder zum Problem werden kann*!

Zum Beispiel mein Mitarbeiter Erik, ein hochkompetenter, sorgfältig arbeitender Mann, der erst einmal selbst alles versucht, um einen kränkelnden Affen gesundzupflegen, bevor er mich hinzuzieht. Solche Selbständigkeit ist lobenswert – solange sie nicht auf die Spitze getrieben wird. Erik trieb sie auf die Spitze. Er informierte mich noch nicht einmal, als sein Affe Bauchschmerzen hatte, und natürlich bat er mich auch nicht um Hilfe. Für den armen Affen wäre es um ein Haar zu spät gewesen. Mein Zimmer wurde zum Notoperationssaal, wo ich alles andere stehen und liegen ließ, um mit der Krise fertigzuwerden. Aus einer routinemäßigen Blinddarmoperation wurde, weil Erik mich nicht früher informierte, sozusagen die Notoperation eines Blinddarmdurchbruchs.

Früher, als ich es noch nicht besser wußte, hätte ich Erik verärgert eine Predigt über die Wichtigkeit kerngesunder Affen gehalten und ihm tüchtig den Kopf gewaschen, weil er die Sache so weit kommen ließ. Inzwischen habe ich aber zwei konstruktivere Mittel gefunden, um Krisen abzuwenden und zu zeigen, wie wichtig mir die Affen sind.

Eines ist die Abmachung zwischen mir und meinen Mitarbeitern, daß sie ihre kranken Affen nach bestem Vermögen selbst verarzten. Dauert die Krankheit länger oder verschlimmert sie sich und spricht nicht auf die Behandlung an, dann wird der Affe so rechtzeitig zu einer Kontrolluntersuchung in mein Büro gebracht, daß ich mich einschalten kann, solange er noch Lebenszeichen von sich gibt. Anders gesagt: Wenn ein Mitarbeiter wie Erik dem Affen nicht wieder auf die Beine helfen kann und die Aussicht besteht, daß der Pflegling den nächsten Untersuchungstermin nicht mehr erlebt, ist Erik dafür verantwortlich, vorbeugend einen früheren Kontrolltermin zu vereinbaren.

Entdecke aber ich die Erkrankung, dann ziehe ich den nächsten Untersuchungstermin einfach so weit vor, wie der Zustand des lieben Tierchens es nahelegt. Zum Biespiel: Sollte der kranke Affe eigentlich erst in drei Wochen in meinem Büro durchgecheckt werden, dann kommt er jetzt schon in vierundzwanzig Stunden dran. Damit gebe ich ein deutliches Signal, daß mir der Zustand des Affen am Herzen liegt.

Interessant wird die Sache, wenn ein Affe durch die Unaufmerksamkeit seines Besitzers in Gefahr geraten ist. Es hätte eigentlich *etwas* geschehen müssen, aber weil *nichts* getan worden ist, steht es schlecht um das Projekt. In diesem Fall ziehe ich den Untersuchungstermin entsprechend vor. Manchmal verlangt der Mitarbeiter mehr Zeit vor dem angesetzten neuen Untersuchungstermin, damit er den Affen noch ein bißchen pflegen kann. Als Begründung dafür haben mir einige Mitarbeiter genannt, solange noch nichts getan sei, gebe es ja auch bei dem Check-up nichts zu besprechen. Tatsächlich haben wir dann aber ein sehr wichtiges Thema – eben daß nichts getan worden ist und was aus diesem Faktum für Schlüsse zu ziehen sind.

Außerdem: Gebe ich meinen Mitarbeitern mehr Zeit, weil sie noch nichts an ihrem Affen getan haben, dann belohne ich ihr

Nichtstun – und das, wofür man belohnt wird, tut man meistens wieder! Mit anderen Worten: erlaube ich meinen Mitarbeitern, mir erst zu einem ihnen genehmen Zeitpunkt Rechenschaft abzulegen, dann ist der Affe vielleicht schon viel kränker oder verhungert.

Ich halte es deshalb so, daß wir die Untersuchung trotzdem durchführen und die Schritte besprechen, die der Mitarbeiter nicht getan hat. Das läßt ihm zwei unangenehme Möglichkeiten: Er kann, erstens, weiter *nichts* tun und mir dann am nächsten Tag in meinem Büro «Mangelnde Fortschritte» berichten, oder er tut, zweitens, *etwas* und berichtet mir von seinen Fortschritten. Was geschieht, ist vorhersehbar: Der Mitarbeiter setzt sich auf den Hosenboden und sein Affe macht wundersame Fortschritte. Die können unter solchen Bedingungen natürlich nur oberflächlich ausfallen, aber der Mitarbeiter lernt daraus für die kommenden Termine. Verlege ich den Untersuchungstermin eines Affen, weil *ich* merke, daß er am Verhungern ist, halse ich mir damit jedenfalls einen Affen auf, mit dem ich überhaupt nichts zu schaffen habe.

Die eben beschriebenen Beispiele drehten sich um kranke Affen. Ganz anders sieht das Problem aus, wenn ein Affe gesund und kräftig, aber andersartig ist, als ich es mir bei seiner Geburt vorgestellt hatte. Vor nicht langer Zeit besprach ich zum Beispiel ein Projekt mit meinem Mitarbeiter Ben. Wir unterhielten uns über die großen Linien des Konzepts, das Budget und den Zeitrahmen. Ich war überzeugt, daß wir genau geklärt hatten, *was* geschehen sollte, deshalb überließ ich es ihm, *wie* er zu Werke gehen würde.

Als ich das Projekt das nächste Mal überprüfte, hatte es sich in eine ganz andere Richtung entwickelt und die zu erwartenden Kosten waren ins Astronomische gestiegen. Beides konnte ich nicht tolerieren. Für ein solches Desaster kann es viele Gründe geben: Mißverständnisse, eine nachträgliche Veränderung der Umstände, die Überzeugung des Mitarbeiters, daß sein neues Konzept besser ist als das alte, gemeinsam beschlossene, und so weiter. Periodische Check-ups bringen solche Fehlentwicklungen ans Licht und begrenzen ihre Kosten, indem sie dem Manager Gelegenheit geben, das Problem zu entdecken und zu korrigieren.

Nun noch ein letztes Wort über die Untersuchungstermine. Ich hatte zuerst eine große Abneigung dagegen, die Affen durchzuchecken, weil ich nicht zwischen Kontrolle der Affen und Kontrolle der Mitarbeiter unterschied. Ich dachte, wenn ich mir einen Affen vorknöpfte, würde ich damit meine Leute beschnüffeln und ihnen zu verstehen geben, daß ich ihnen nicht zutraute, daß sie ohne Anstöße von mir gute Arbeit leisten würden. Inzwischen ist mir klargeworden, daß es bei der Untersuchung der Affen mehr um ihren Zustand als um die Mitarbeiter geht. Die Kontrolltermine ermöglichen es mir, meine Mitarbeiter dabei zu erwischen, wie sie etwas richtig tun, eventuelle Probleme mit den Affen aufzudecken und zu beseitigen, meine Mitarbeiter zu *coachen*, meine eigenen Befürchtungen, es könnte etwas schiefgehen, zu mildern und noch vieles mehr. Danach arbeiten meine Mitarbeiter dann in eigener Regie (wenn Sie mit Affen richtig umgehen, brauchen Sie sich nicht soviel um Ihre Mitarbeiter zu kümmern).

Die Kontrolluntersuchungen der Affen sind von entscheidender Bedeutung für das Unternehmen. Entsprechend respektvoll müssen Chef und Team an sie herangehen. Zeigt der Chef, daß er diese Besprechungen wichtig nimmt, werden die Mitarbeiter das auch tun. Ich lasse deshalb keine Gelegenheit aus, um gegenüber meinen Mitarbeitern die Wichtigkeit der Untersuchungstermine hervorzuheben. Beispielsweise achte ich beim Vereinbaren des Termins darauf, den verabredeten Zeitpunkt in meinen Kalender einzutragen; das Datum schriftlich zu notieren, gibt dem Termin mehr Gewicht, als wenn er nur mündlich vereinbart würde. Komme ich zu einem Termin zu spät, sorge ich immer dafür, daß meine Mitarbeiter vorher benachrichtigt werden. Das zeigt nicht nur, wie wichtig ich die Check-ups nehme, sondern auch, daß ich auf Pünktlichkeit Wert lege.

Mein Verhalten in diesen Dingen demonstriert, was mir wichtig ist und impliziert auch, *worüber ich nicht mit mir reden lasse*. Meine Mitarbeiter müssen sich über beides im klaren sein. Kommt zum Beispiel ein Mitarbeiter zu spät oder gar nicht zu einem Termin und versäumt es, mir vorher Bescheid zu sagen, werde ich ein bißchen unangenehm. Ich erkläre ihm oder ihr, beim nächsten versäumten Treffen wäre mir ein Anruf aus dem Krankenhaus willkommen. Ich brauche meinen Mitarbeitern das nur ganz selten zu sagen.

Onckens vier Regeln für das Affen-Management

– Zusammenfassung –

Regel 1 – *Definition des Affen*
Das Gespräch darf nicht beendet werden, bevor geeignete «nächste Schritte» aufgestellt und klar bezeichnet sind.

Regel 2 – *Zuordnung der Affen*
Die Affen sind von ihrem Besitzer auf der untersten Organisationsebene, auf der ihr Wohlergehen gesichert ist, zu bearbeiten.

Regel 3 – *Versicherung des Affen*
Jeder Affe, der Sie auf dem Rücken eines Mitarbeiters verläßt, muß durch eine der beiden Versicherungspolicen abgedeckt sein:

1. Vorschlagen und dann handeln
2. Handeln und dann informieren

Regel 4 – *Kontrolle des Affen*
Sorgfältige Überwachung sorgt für gesündere Affen. Jeder Affe braucht einen Termin für eine gründliche Untersuchung.

BIS HIERHER haben wir gehört, wie ich aus der katastrophalen Situation, alle Affen meiner Mitarbeiter selbst zu *bearbeiten*, herausgekommen bin und sie ihnen *zugeteilt* habe. Außerdem haben Sie gesehen, wie ich die vier Regeln des Affen-Managements umgesetzt habe.

Jetzt möchte ich berichten, wie ich zur höchsten Stufe des Managements, dem *Delegieren*, fortgeschritten bin. Meine Leute leisten jetzt immer mehr, während ich mich immer weniger einschalte. Meinen Mitarbeitern die Affen zur Bearbeitung zuzuweisen ist um Klassen besser, als sie selbst zu übernehmen; aber ihnen die Affen zu delegieren ist das Absolutum. Das Delegieren (und wie man dahin kommt) versteht man am besten, wenn man sich ansieht, wie es sich von der Aufgaben*zuweisung* unterscheidet. Obwohl viele diese beiden Begriffe als austauschbar betrachten, sind sie, um mit Mark Twain zu sprechen, «so verschieden wie ein Blitz und ein Glühwürmchen». Dieser entscheidende Unterschied ist eine der wichtigsten Erkenntnisse, die ich in dem Seminar «Der Umgang des Managers mit der Management-Zeit» gewonnen habe:

Beim Zuteilen
von Aufgaben geht es um
einen einzelnen Affen,
beim Delegieren um
eine Affenhorde.

*

Assigning involves a single
monkey; delegation involves
a family of monkeys.

Wenn ich bisher meinen Mitarbeitern Affen zuwies, übernahm ich den größten Teil der mit der Zuweisung verbundenen Arbeit selbst. Ich definierte den Affen, ich suchte einen Besitzer für ihn aus, ich versicherte ihn, und ich vereinbarte die nötigen Untersuchungen und führte sie auch selbst durch. Mit anderen Worten: ich teilte die Affen zu, meine Mitarbeiter bearbeiteten sie.

Inzwischen sind wir zum *Delegieren* übergegangen. Meine Mitarbeiter *bearbeiten* nicht nur die Affen, wie sie es bisher schon getan haben, sondern sie *weisen* sie sich auch selbst *zu*. Was sie und ich bisher zusammen erledigten, übernehmen sie nun selbständig. Neben der Bearbeitung der Affen erledigen sie nun auch die Definition, die Versicherung, die Übernahme des Affen in die eigene Verantwortung und die Kontrolluntersuchungen. Meine Mitarbeiter wenden also Onckens Regeln für das Affen-Management bei ihren Affen selbst an!

Anders gesagt: meine Mitarbeiter versorgen heute selbständig für längere Zeitabschnitte ganze Affenhorden (Projekte) unter minimaler Beteiligung von mir. Ich mische mich nur insofern ein, als ich das Gesamtprojekt von Zeit zu Zeit kontrolliere. Das bedeutet, daß ich mich nicht mehr um die Dutzende von Affen zu kümmern brauche, aus denen ein Projekt besteht. Ein Projekt-Check-up erfordert sehr viel weniger Zeit, als wenn ich jeden Affen einzeln durchchecken müßte.

Zwischen den Untersuchungsterminen bearbeiten meine Mitarbeiter ihre Projekte eigenverantwortlich (solange keine Schwierigkeit auftaucht, bei der ich eingreifen müßte). Sie praktizieren reines *Selbstmanagement*, was uns allen viel besser gefällt als das intensive Chef-Management aus der Zeit davor, als ich ihnen noch die Affen zuteilte.

Delegieren ist die höchste Stufe professionellen Managements. Um das voll zu würdigen, möchte ich an die berühmte alte Definition erinnern: *Management heißt, andere zum Arbeiten zu bringen (Management is getting things done through others)*. Es geht also vor allem um *Resultate*, um den Output der Mitarbeiter, der durch den Input des Managers zustande kommt.

Je größer bei gleichbleibenden Faktoren das Verhältnis von Output zu Input, desto effektiver ist der Manager.

Beachten Sie, wie sich das Output-Input-Verhältnis verbesserte, als ich vom *Selbertun* zum *Zuweisen* und dann vom *Zuweisen* zum *Delegieren* fortschritt. Als ich noch die Arbeit allein machte, war mein Output gleich meinem Input – eine Stunde Input ergab eine Stunde Output. Der Output meiner Abteilung war auf das Arbeitsergebnis einer einzigen – meiner – Person zusammengeschrumpft...

Später, nachdem der Minuten-Manager mich beraten und ich das «Management-Zeit-Seminar» mitgemacht hatte, fing ich an, die Affen meinen Mitarbeitern zuzuweisen. Mein Output-Input-Verhältnis stieg, weil jede Stunde, die ich mit dem Verteilen der Affen verbrachte, zu mehreren Stunden Arbeit meiner Mitarbeiter führte. Ich war froh über diesen Anstieg, aber die Relation war nach wie vor ungünstig, weil ich immer noch einen so hohen Input hatte. (Ich beschäftigte mich lange mit jedem einzelnen Affen.) Der Output meiner Abteilung war immer noch begrenzt, weil meine Mitarbeiter viel Zeit mit *mir* verbrachten und ich ihnen aus Zeitmangel nur wenige Affen zuteilen konnte.

Aber jetzt, wo wir das Delegationsstadium erreicht haben, hat sich mein Output-Input-Verhältnis auf ein Vielfaches des früheren Werts gesteigert. Mein *Input* ist drastisch gesunken. Denn statt die Zuweisung der Affen mit allen dazugehörigen Arbeiten selbst zu erledigen, brauche ich jetzt nur noch gelegentlich den Zustand des Gesamtprojekts zu überprüfen. Zugleich ist der *Output* meiner Abteilung enorm gewachsen, und zwar aus zwei Gründen: Meine Mitarbeiter sitzen jetzt nicht mehr so lange in Besprechungen mit mir, und sie bearbeiten die selbstübernommenen Affen energischer und motivierter als die, die ich ihnen früher zugewiesen habe.

UND AUSSERDEM: Wenn ich ein Projekt delegieren kann, gewinne ich dadurch Zeit, die ich wieder dazu verwenden kann, auch andere Projekte «delegationsreif» zu machen. Je mehr Projekte ich in die Hände meiner Mitarbeiter legen kann, desto mehr frei verfügbare Zeit habe ich für meine Vorgesetzte, meine Kollegen, meine Kunden und – für mich.

Hat man das Delegationsstadium erst einmal erreicht, ist es – verglichen mit dem mühseligen Weg dahin – leicht, sich auf dieser Höhe zu halten. Das Delegieren ähnelt einem Flug in Reiseflughöhe bei automatischer Steuerung, wenn der Pilot lediglich die Monitore überwacht und – wenn überhaupt – nur gelegentlich eingreift. Aber diese Eingriffe sind minimal im Vergleich mit der Arbeit, die er leisten muß, um das Flugzeug erst einmal vom Flugsteig über die Rollbahn in die Luft und auf Reiseflughöhe zu bringen.

Und wie erreicht man diesen wunderbaren Zustand? Wie mir der Minuten-Manager erklärte, spricht man allgemein von «Coaching», wenn man die Hilfestellung meint, die der Manager seinen Mitarbeitern gibt, um ihre Projekte auf «Reiseflughöhe» zu bringen. Dort werden sie dann vor allem von den Mitarbeitern durchgeführt, während der Manager nur im Notfall eingreift. Es gilt also:

Sinn des
Coaching ist es, in die
Ausgangsstellung für
das Delegieren
zu kommen!

*

The purpose of coaching is
to get into position to
delegate!

Was genau muß passieren, bevor man delegieren kann? Manager dürfen nicht delegieren, bevor sie nicht ausreichend sicher sind, daß erstens das Projekt richtig läuft und daß zweitens ihre Mitarbeiter das Projekt selbständig zum Erfolg führen können. Vorher *können* sie faktisch gar nicht delegieren. Wer seinen Mitarbeitern ohne diese Sicherheit volle Verantwortung und Handlungsbefugnis für ein Projekt überträgt, delegiert nicht, sondern vernachlässigt seine Verantwortung als Vorgesetzter.

Manche Projekte kann man von Anfang delegieren, wenn der Manager sofort überblickt, wie vorzugehen ist und erkennt, daß seine Mitarbeiter das Projekt erfolgreich durchführen können.

Die meisten Aufgaben, die so umfänglich und komplex sind, daß man sie Projekt nennen kann, können jedoch nicht von Anfang an delegiert werden. Oft kennen zu Beginn weder der Manager noch sein Mitarbeiter die zu erwartenden Schwierigkeiten, Ziele, Optionen, den Zeitrahmen und alle Verästelungen genau genug, um das nötige Vorgehen einzuschätzen und sagen zu können, ob der Mitarbeiter das Projekt erfolgreich durchziehen kann. Die meisten Projekte erfordern zuerst eine Einweisungszeit, bevor der Chef die Überzeugung gewonnen hat, daß er verantwortungsvoll delegieren kann.

Natürlich liegt es weitgehend bei den Mitarbeitern, ihrem Vorgesetzten die Zuversicht zu geben, daß er jetzt delegieren kann. Manager können erst dann delegieren, wenn die Mitarbeiter in irgendeiner Weise gezeigt haben, daß sie ein Projekt ausführen können.

Da die Mitarbeiter außerdem meist mehr über ihren Arbeitsbereich wissen als der Vorgesetzte, sollten sie in vielen Fällen den Chef davon überzeugen können, wie ein Projekt durchzuführen ist. *Sie haben also nicht weniger Verantwortung für Coaching und Delegieren als der Vorgesetzte!*

Wie das Coaching vor sich geht, zeige ich am besten an einem Beispiel, das ich vor kurzem mit meinem Mitarbeiter Gordon erlebte (Sie erinnern sich, meinem früheren «Affenfabrikanten»). Ich halte diese Sache für einen meiner stolzesten Erfolge als Manager, weil sie zeigt, wie weit ich und meine Mitarbeiter in den letzten zwei Jahren gekommen sind. Hören Sie erst einmal, was geschah, bevor wir an die Analyse gehen.

Vor einiger Zeit bemerkte ich, daß ein Produkt unserer Firma in einigen Absatzgebieten in technische Schwierigkeiten kommen könnte. Bevor ich Zeit fand, der Sache nachzugehen, kam Gordon, der dieses Produkt betreute, in mein Büro und unterrichtete mich über die neueste Entwicklung. Erst dann erkannte ich, daß die ganze Geschichte teuer und unangenehm werden konnte. Gordon hatte bereits seine Handlungsempfehlung fertig, und wir vereinbarten für den nächsten Tag einen Termin, um sie zu besprechen.

Gordon leitete die Besprechung. Sein Lösungsvorschlag umfaßte eine Übersicht von einer Seite plus 18 Seiten zusätzlicher Informationen für alle Fälle. Er las zuerst seine Übersicht vor, und dann besprachen wir sie. Sie enthielt eine kurze, klare Situationsbeschreibung, drei mögliche Lösungswege, das Für und Wider jedes Wegs und die von Gordon befürwortete Lösung. Wie sich herausstellte, wußte niemand genau, ob eigentlich das Produkt unserer Firma oder andere, damit zusammenhängende Produkte das Problem verursacht hatten. Gordons Lösung bestand deshalb darin, erst einmal mit einer Studie Art und Schwere des Problems zu erforschen, um dann, wenn nötig, korrigierende Maßnahmen zur Problemlösung einzuleiten.

Es wurde bald klar, daß Gordon das Problem in technischer Hinsicht bis ins kleinste Detail erfaßt hatte. (Ich war ihm dafür dankbar, denn seit ich ins Management übergewechselt bin, sind meine Kenntnisse auf diesem Sektor nicht mehr das, was sie einmal waren.) Gordon hatte festgelegt, was wann von wem zu tun war und wieviel es kosten würde. Er hatte alle nötigen Mittel – Budget, Befugnisse, Arbeitsstunden – und die Unterstützung, die ich ihm bei deren Beschaffung geben sollte, genau aufgelistet. Seine sachliche Vorbereitung ließ nichts zu wünschen übrig.

Es gab jedoch einen Haken. Gordon hatte nicht genügend bedacht, wie sein Lösungsvorschlag bei unseren Verkäufern, den Kunden und im oberen Management ankommen würde. Ich machte mir vor allem um die Haltung zweier Vizepräsidenten Sorgen, deren Unterstützung in dieser Sache unerläßlich war, und fragte Gordon, was wir jetzt tun sollten.

Gordon überzeugte mich, daß er die Vizipräsidenten dazu bewegen könne, das Projekt zu unterstützen. Also bat ich ihn, sie über seine Pläne zu informieren und um ihren Rat zu bitten. Dann sollte er mir wieder Bericht erstatten, bevor er die Sache weiter betrieb. Bei unserem nächsten Treffen berichtete Gordon, obwohl er alles getan habe, bestünden bei einem der Vizepräsidenten noch immer Bedenken. Gordon schlug vor, ich solle mit ihm sprechen. «Okay», antwortete ich, «das werde ich tun. Aber Sie kommen mit, beobachten, wie ich vorgehe und helfen mir, so gut Sie können.»

Zwei Termine mit dem Vizepräsidenten und ein paar kleinere Änderungen unserer Pläne beseitigten das Problem und meine letzten Zweifel, ob ich das restliche Projekt an Gordon delegieren könne, was ich nun tat. Dann machten wir einen Termin vier Wochen später, um die Ergebnisse von Gordons Studie gemeinsam durchzusehen, bevor wir weitere Schritte unternähmen. Bei diesem Termin übernahm Gordon die Leitung des Projekts für einen Monat, in welcher Phase er Dutzende von Affen selbständig bearbeitete.

Kommen wir nun zur Analyse dieses Szenarios. Durch viele einzelne Schritte gelangte ich in die Ausgangsposition, wo ich das Projekt delegieren konnte. Achten Sie vor allem darauf, *wer* diese Schritte unternahm!

1. *Ich kann erst delegieren, wenn meine Bedenken überwunden sind.* Gordon half mir, meine Befürchtungen, es könne etwas schiefgehen, zu mildern, indem er mich davon überzeugte, daß er die *meisten* Teile des Projekts selbständig bearbeiten konnte. Gründliche Vorbereitung, gekonnte Präsentation plus seine vergangenen Erfolge bei ähnlichen Projekten

waren die Hauptargumente zu seinen Gunsten. Ein paar restliche Zweifel brachten mich aber doch dazu, das Steuer noch eine Zeitlang selbst zu behalten. Ich behielt die Projektleitung, indem ich Gordon Aufgaben (Affen) zuwies, die nach Stufe 1 (Vorschlagen und dann handeln) versichert wurden. Bei Aufgaben, die er nicht allein erledigen konnte, bearbeitete ich den Affen mit ihm *zusammen* – nicht *für* ihn –, so daß ich ihm gleich die nötige Anleitung geben konnte.

2. *Ich kann erst dann delegieren, wenn ich einigermaßen sicher bin, daß meine Mitarbeiter wissen, was sie zu tun haben.* Aber bevor die Mitarbeiter wissen können, was sie tun müssen, muß jemand das geklärt haben. Übernehme ich diese Aufgabe, dann muß ich ihnen sagen, was sie tun sollen (das läuft auf autokratisches Management hinaus). Deshalb überlegte Gordon selbst, was zu tun sei und überzeugte mich dann davon, daß er recht hatte. Das sparte mir eine Menge Zeit, und er engagierte sich mehr für seine eigenen Überlegungen als für alles, was ich mir hätte ausdenken können.
3. *Es wäre töricht, an jemanden zu delegieren, der oder die nicht ausreichende Sicherheit dafür bietet, die nötigen Hilfsmittel – Zeit, Informationen, Geld, Mitarbeiter, Unterstützung und Befugnisse – beschaffen zu können.* Aber wer wußte genauer als Gordon, welche Mittel nötig waren? Deshalb übernahm *er* es, die nötigen Ressourcen genau aufzulisten. Außerdem beschaffte er in eigener Regie so viele der Ressourcen wie möglich und bat mich nur da um Hilfe, wo er die nötigen Dinge nicht selbst bekommen konnte.
4. *Ich kann die Leitung eines Projekts erst dann an jemanden übertragen, wenn ich zuversichtlich bin, daß Kosten, Zeitrahmen, quantitative und qualitative Aspekte des Projekts akzeptabel sind.* Diese Punkte offenzulassen, hieße, meine Führungsverantwortung abzugeben. Aber wir können uns erst dann auf Qualitätsmaßstäbe *einigen*, wenn wir welche *haben*, und das bedeutet, jemand muß sie aufstellen. Das muß wiederum derjenige sein, der im vorliegenden Projekt

am besten weiß, welche Maßstäbe gelten sollen. Hier war es Gordon. Er legte die Maßstäbe fest und überzeugte mich davon, so daß ich sie billigen konnte.

5. Je mehr sich meine Mitarbeiter für ein Projekt engagieren, desto größer die Chance, daß es erfolgreich zu Ende gebracht wird. Das liegt auf der Hand. Bei sonst gleichbleibenden Bedingungen gilt: *Je engagierter meine Mitarbeiter, desto leichter fällt es mir, an sie zu delegieren.* Gordon motivierte sich praktisch selbst. Die Zeit und Mühe, die er in seinen Lösungsvorschlag *investierte,* erhöhte noch sein Engagement. Daß er *seinen eigenen* Lösungsvorschlag ausführte, stachelte ihn ebenso an wie der persönliche Ehrgeiz, eine Aufgabe gut auszuführen. Da sein Engagement von innen heraus entstanden war, brauchte ich nicht zu Aufforderungen, Verträgen oder Zwang zu greifen, um es zu fördern.

Dies ist keine vollständige Liste der Dinge, die geschehen müssen, bevor delegiert werden kann, aber sie verdeutlicht das Vorgehen. In Gordons Fall haben Sie sicher bemerkt, daß ich mir die Projektleitung so lange vorbehielt, bis ich sicher war, daß ich nun gefahrlos an ihn delegieren konnte. Aber er initiierte und führte die meisten «nächsten» Schritte aus, die uns dahin brachten. Genauso sollte es auch sein. Der Sinn des Coaching besteht darin, meine Mitarbeiter so weit zu bringen, daß sie ein Projekt selbständig durchführen können. Dieser Zweck würde ins Gegenteil verkehrt, wenn ich, selbst während des Einweisungsprozesses, irgend etwas täte, was sie allein durchführen könnten.

Beim Coaching führen die Mitarbeiter normalerweise eine Reihe von Anweisungen aus, während der Manager die Arbeit leitet und kontrolliert, bis er sicher ist, daß seine Mitarbeiter für einen längeren Zeitabschnitt selbst die Leitung übernehmen können. Während die Anweisungen ausgeführt werden, gewinnen der Manager und die Mitarbeiter Zeit und Informationen, die sie nutzen können, um noch genauer über Sinn und Zweck des Projekts nachzudenken. Wenn beide Seiten die Überzeugung gewinnen, daß das Projekt auf dem richtigen Weg ist und das Vertrauen des Managers in die Kompetenz des Mitarbeiters gewachsen ist, delegiert er schrittweise immer mehr Projektverantwortung. Die anfängliche Aufgabenzuweisung sollte nur *so lange auf Initiative des Chefs geschehen, wie der Mitarbeiter sie nicht selbst vornehmen kann.* Bei den ersten Anweisungen geht es meist darum, daß der Untergebene einen «Spielplan» entwickelt und vorlegt. Falls nötig, gestaltet der Chef diesen Plan um, bis er akzeptabel ist. Sind die Beteiligten dann noch immer nicht delegationsbereit, bekommt der Mitarbeiter die Anweisung, einige «nächste Schritte» an dem eigentlichen Projekt auszuführen, wobei der Chef ihn so lange anleitet und führt, bis er delegieren kann. Sie sehen daraus, daß das Delegieren normalerweise keine einmalige Handlung ist, sondern eher ein Zustand, der erst erreicht wird, wenn ausreichendes Coaching es dem Vorgesetzten erlaubt, verantwortlich zu delegieren.

Natürlich verläuft das Coaching nicht immer so einfach wie im eben beschriebenen Fall. Aber Manager und Mitarbeiter kommen immer besser damit zurecht, je öfter sie ein Coaching mitgemacht haben. Sie lernen vorauszuahnen, was der Partner tun wird und sich darauf einzustellen, wie zwei Fußballspieler, von denen der eine einen Paß spielt und der andere ihn aufnimmt. Mit genügender Übung schlägt der Spielmacher den Ball in eine bestimmte Richtung, noch bevor der annehmende Spieler sich dorthin gewandt hat. Der Spielmacher weiß genau, zu welchem Punkt sein Partner geht und wann er dort ist. Jeder hat es in der Hand, das Spiel des anderen zu verbessern. Erläuft der annehmende Spieler den Ball, kann er einen schlechten Paß retten, legt der Spielmacher einen gelungenen Paß vor, verhilft er dem annehmenden Spieler zu einem Erfolg. Nicht anders bei Managern und ihren Mitarbeitern. Wenn sie lernen, gut zusammenzuspielen, kommen sie an den Punkt, wo die Mitarbeiter ihre Arbeit zum größten Teil selbst planen und in praktische Schritte umsetzen und der Chef ihr Tun nur noch bestätigt.

SEIT DER MINUTEN-MANAGER mich auf Onckens Affen-Management hinwies, ist eine Menge geschehen. Wenn ich darüber nachdenke, wie sehr sich mein Leben seitdem verändert hat, fällt mir die Geschichte von dem Mann ein, der auf die Frage, wie lange er schon in seiner Firma arbeite, antwortete: «Seit sie gedroht haben, mich hinauszuwerfen!»

Auch ich brauchte einen Schock, um aktiv zu werden. Die Wende war nicht immer leicht. Ich stieß auf Widerstand, und ich machte Fehler. Aber schließlich kriegte ich die Verantwortung dahin, wo sie hingehört, und seither hat sich alles verändert und wird nie mehr so sein wie früher!

Ich setzte die neugelernten Management-Konzepte in die Tat um, und seither praktizieren meine Mitarbeiter mehr Selbstmanagement als je zuvor. Sie sind jetzt zufriedener, und sie leisten mehr. Sie sind unabhängiger geworden, wodurch ich Zeit gewonnen habe, mich um andere Beziehungen zu kümmern, die für den Erfolg meiner Abteilung entscheidend sind.

Lassen Sie mich hier einen Augenblick innehalten, um von diesen anderen Beziehungen zu sprechen und einer wichtigen Lektion, die ich in Onckens Seminar «Der Umgang mit der Management-Zeit» gelernt habe. Das Affen-Management ermöglicht uns, die – wie Oncken sie nannte – «mitarbeiterbestimmte» Zeit (wo der Chef Affen bearbeitet, die eigentlich seine Mitarbeiter versorgen und füttern sollten) in die Hand zu bekommen. Um als Manager erfolgreich zu sein, müssen wir uns aber ständig um eine Balance zwischen drei verschiedenen Zeitkategorien bemühen:

Die drei Arbeitszeiten

BOSS-IMPOSED TIME
chefbestimmte Zeit

SYSTEM–IMPOSED TIME
systembestimmte Zeit

SELF-IMPOSED TIME
selbstbestimmte Zeit

CHEFBESTIMMTE ZEIT ist die Zeit, die Sie und ich mit Dingen verbringen, die wir nicht täten, wenn wir keinen Chef hätten. Man muß keinen Chef haben; man kann auch auf Rente gehen oder von Sozialhilfe leben, im Lotto gewinnen oder Unternehmer werden, das alles geht ohne Chef. Wenn man aber einen hat, kassiert er auch einen Teil unserer Zeit, getreu der Goldenen Management-Regel: «Wer das Geld hat, diktiert die Spielregeln.»

Chefs können sich auf die Goldene Regel stützen, weshalb uns intuitiv klar ist, daß wir uns besser gut mit ihnen stellen. Dafür zu sorgen, daß der Chef mit unserer Arbeit zufrieden ist, erfordert Zeit; aber noch zeitaufwendiger ist es, mit einem unzufriedenen Chef auszukommen.

Beispielsweise machte ich in jenen Tagen, als ich mich noch mit den Affen meiner Mitarbeiter halb totarbeitete, den Fehler, mir nicht die Zeit zu nehmen, meine Vorgesetzte über das Geschehen zu informieren. Prompt erlebte sie eines Tages eine peinliche Überraschung, als nämlich ihr Vorgesetzter ein großes Problem entdeckte, vor dem ich sie rechtzeitig hätte warnen sollen.

Sie brummte mir daraufhin eine ganze Serie neuer Berichte auf. Die kosteten mich mehr Zeit, als wenn ich meine Chefin von Anfang an auf dem laufenden gehalten hätte.

Wie sorge ich dafür, daß mein Chef mit meiner Arbeit zufrieden ist? Besser als auf folgende Art habe ich das noch nie ausgedrückt gefunden: Tu immer, was dein Chef wünscht. Gefällt es dir nicht, *dann ändere seine Wünsche,* aber tu immer, was er will.

Das heißt aber nicht, daß wir immer mit unserem Chef einer Meinung sein müßten. Im Gegenteil:

Wenn Sie und
Ihr Chef immer einer
Meinung sind, ist
einer von Ihnen
überflüssig.

*

If you always agree with
your boss, one of you is not
necessary.

Es ist aber immer in Ihrem Interesse, Ihren Chef zufriedenzustellen. Auch wenn Sie mit seinen Wünschen nicht einverstanden sind, sollten Sie so mit ihm umgehen, wie Sie selbst von Ihren Mitarbeitern behandelt werden wollen, wenn diese anderer Meinung sind als Sie. Wir nennen das *loyale Opposition*. Das bedeutet, daß Sie Ihren Chef von der besseren Möglichkeit zu überzeugen versuchen. Akzeptiert er sie nicht, richten Sie sich aber ganz nach seinen Wünschen.

Eine der wichtigen Lektionen meiner beruflichen Karriere ist, daß gute Arbeit allein, so sehr sie *Sie* selbst auch befriedigen mag, manchmal nicht ausreicht, um auch Ihren Chef zufriedenzustellen. Das braucht Zeit, manchmal noch zusätzliche Zeit zu der, in der Sie Ihre guten Leistungen hinlegen. Ich weiß heute, daß ich Zeit brauche, um meine Vorgesetzte zu informieren, sie vor unangenehmen Überraschungen zu bewahren, vorauszuahnen, wie sie manche Dinge geregelt haben will, Erfolge anzusammeln, damit es ihr leichter fällt, mir mehr Selbständigkeit zu erlauben, und vieles mehr.

Vernachlässigen wir diesen Bereich, ist es zu unserem eigenen Schaden. Glauben Sie mir, was ich Ihnen aus eigener Erfahrung sage: Investiere ich nicht genügend Zeit, um meine Vorgesetzte zufriedenzustellen, werden bald mehr und mehr chefbestimmte Aufgaben auf mich zukommen, so daß mir immer weniger Zeit bleibt für Kollegen, Helfer, Mitarbeiter und die Dinge, die ich gern tun würde.

SYSTEMBESTIMMTE ZEIT ist die Zeit, die wir brauchen, um administrative und ähnliche Anforderungen von Menschen (Kollegen/Helfern) außerhalb unseres Vorgesetzten- und Mitarbeiterkreises zu erfüllen. Diese Anforderungen fallen in jeder Organisation an. In der Zeit, in der wir sie erledigen, werden wir sozusagen zu einer der zahllosen Rollen eines endlosen administrativen Förderbands, das kreuz und quer durch alle Organisationsebenen verläuft, hier etwas ablädt und da etwas aufnimmt. Für Sie ist der Abladepunkt Ihr Eingangskorb, der Aufnahmepunkt Ihr Ausgangskorb. Zum systembestimmten Zeitaufwand zählen Formulare, die Sie für die Verwaltung ausfüllen, Besprechungen, an denen Sie teilnehmen und Telefonanrufe, die Sie erledigen müssen.

Ein Beispiel. Ihre Sekretärin geht auf und davon und hinterläßt in Ihrer Abteilung eine Lücke, die durch die Personalabteilung gefüllt werden muß. Wenn Sie sie bitten, eine neue Sekretärin für Sie einzustellen, müssen Sie erst einmal ein Formular ausfüllen, eine Stellenbeschreibung verfassen und einiges mehr. Die Zeit, die Sie mit solchen Erledigungen verbringen, ist systembestimmte Zeit. Manche nennen das auch Formularkram, andere sagen Papierkrieg oder Bürokratie.

Verwaltungsformalitäten gibt es in jeder Unternehmensorganisation, weil die Abteilungen, deren Mitarbeiter an sich jeden Linienmanager unterstützen müssen, meist überarbeitet und unterbesetzt sind.

Eine Mitarbeiterin aus diesem unterstützenden Bereich erklärte mir einmal, warum das so ist: «Man kann unbegrenzt viel von uns fordern, aber es gibt natürlich eine Grenze, wieviel wir erledigen können.» Die Mitarbeiter dieses Bereichs können unmöglich alles tun, was von ihnen verlangt wird. Um Ordnung ins Chaos zu bringen und sich das Leben ein bißchen zu erleichtern, entwickeln sie deshalb manchmal wunderliche Formulare, Methoden, Vorschriften und Verfahrensweisen.

Die Formalitäten brauchen Zeit, weshalb sich viele Leute darüber beschweren. Die Verwaltungsanforderungen einfach zu ignorieren, wäre aber riskant. Oncken erzählte eine schöne Geschichte von einem Manager, dessen Stuhl zusammenkrachte, worauf er ihn ersetzt haben wollte. Aus Arbeitsüberlastung hatte er sich nicht die Zeit genommen, irgend jemanden aus der Beschaffungsabteilung kennenzulernen oder sich persönlich dorthin zu begeben, um einen neuen Stuhl anzufordern. Statt dessen telefonierte er.

Da er unter starkem Arbeitsdruck stand und sich über den zerbrochenen Stuhl ärgerte, sprach er etwas kurz angebunden mit der Mitarbeiterin in der Beschaffungsabteilung. «Dazu brauchen wir eine schriftliche Anforderung», kam die knappe Antwort. «Formular Nr. 7.» Der Manager besaß kein solches Formular. Also ging er in die Beschaffungsabteilung und füllte, um Haltung bemüht, aber offensichtlich wütend, das richtige Formular aus und knallte es der Mitarbeiterin auf den Tisch.

Zehn Tage später (er dachte, sein neuer Stuhl würde gebracht) tauchte das Anforderungsformular in seinem «Eingang» wieder auf. Auf einer angehefteten Notiz hieß es: «Wir können diese Anforderung leider nicht bearbeiten, weil die Genehmigungsnummer in Spalte 9 falsch ist.» Der Manager wurde aschfahl. Er rief die Beschaffungsabteilung an und stauchte die Mitarbeiterin zusammen. Als er sich wieder beruhigt hatte, fragte er. «Wie heißt die richtige Nummer?» Hörbar kichernd gab die Mitarbeiterin die rasche, sachliche Antwort: «Ich möchte etwas klarstellen. Unsere Aufgabe ist es, falsche Nummern herauszufinden. Ihre Aufgabe ist es, die richtige Nummer einzusetzen.» Der Manager reparierte seinen Stuhl eigenhändig.

Als Manager können wir ohne die Mitarbeiter der uns unterstützenden Abteilungen nicht auskommen, und wir brauchen sie nötiger als sie uns. Um innerhalb der Betriebsorganisation zu überleben, müssen wir alle noch so kleinlichen Verwaltungsvorschriften einhalten. Umgehen wir sie, um Zeit zu sparen, können die entsprechenden Abteilungen uns auf eine Weise bestrafen, die uns noch mehr systembestimmten Zeitaufwand auferlegt.

DIE DRITTE ZEITKATEGORIE, die wir in den Griff bekommen müssen, ist die *selbstbestimmte Zeit*. Das ist die Zeit, in der wir die Dinge tun, die wir selbst beschlossen haben. Hier reagieren wir nicht nur auf die Initiativen unseres Vorgesetzten oder auf Anstöße von Kollegen oder uns unterstellter Mitarbeiter. Niemand kann Selbststarter sein ohne selbstbestimmte Zeit.

Die selbstbestimmte Zeit ist die wichtigste der drei Zeitkategorien, denn nur hier haben wir die Freiheit, unsere Individualität innerhalb des Unternehmens zum Ausdruck zu bringen. In der chefbestimmten Zeit haben die Forderungen des Chefs Vorrang vor unserer Individualität, in der systembestimmten Zeit ist die Notwendigkeit sich anzupassen wichtiger. Einen unverwechselbaren Beitrag zum Unternehmensganzen leisten wir nur in unserer selbstbestimmten Zeit.

Selbstbestimmte Zeit hat eine gute und eine schlechte Variante: die frei verfügbare und die mitarbeiterbestimmte Zeit. Mitarbeiterbestimmt ist unsere Zeit dann, wenn wir sie, wie geschildert, mit der Bearbeitung der Affen unserer Mitarbeiter verbringen. (Sie ist im Grunde selbstbestimmt, denn es liegt an uns, ob wir uns um die Affen unserer Mitarbeiter kümmern oder nicht.)

FREI VERFÜGBAR ist die Zeit, in der wir die Dinge tun, die unsere Arbeit über die finanzielle Entlohnung hinaus befriedigend machen, zum Beispiel kreatives und innovatives Handeln, Führen, Planen und Organisieren. Diese Tätigkeiten sind andererseits für das Wachstum und die Weiterentwicklung des gesamten Unternehmens und für seine Lebens- und Wettbewerbsfähigkeit notwendig. Frei verfügbare Zeit ist also für den einzelnen und für das Unternehmen lebenswichtig.

Obwohl die frei verfügbare die unentbehrlichste Zeitkategorie ist, geht sie am schnellsten flöten, wenn es brenzlig wird, wie ich durch harte Nackenschläge nur zu genau erfahren mußte.

Warum das so ist? Es hängt mit unserem System von Strafen und Belohnungen zusammen. Tun wir nämlich nicht, was unser Chef will, machen wir uns der *Aufsässigkeit* schuldig. Halten wir die organisatorischen Vorschriften nicht ein, nennt man das *fehlende Bereitschaft zur Zusammenarbeit*. Bearbeiten wir nicht wie versprochen die Affen unserer Mitarbeiter, heißt es, wir seien Aufschieber. Und wer läßt sich schon gern solcher betrieblicher Sünden überführen, denn:

Rasche und spürbare
Strafen treffen den, der die
Forderungen anderer auf
die leichte Schulter
nimmt!

*

Swift and obvious penalties
pursue those who treat other
people's requirements in a
lighthearted cavalier
fashion!

Wie aber werde ich bestraft, wenn ich die frei verfügbare, die allerwichtigste Zeit vernachlässige? Was passiert zum Beispiel, wenn ich die Ideen, die ich in meiner frei verfügbaren Zeit habe, nicht ausführe (vor allem, wenn sonst niemand davon weiß)? Dafür gibt es, zumindest kurzfristig, keine Strafe, denn niemand kann mir vorwerfen, etwas unterlassen zu haben, wovon er gar nicht erst erfahren hat, daß ich es tun wollte.

Freie Aktivitäten (auf die so oder so keine Strafe steht) konkurrieren also auf meinem Zeitplan mit Tätigkeiten, die mich, falls ich sie vernachlässige, der Aufsässigkeit, mangelnder Bereitschaft zur Zusammenarbeit oder Verzögerung schuldig machen. Da ist ganz klar, was zuerst kommt.

Ich kann zwar meine frei verfügbare Zeit kurzfristig relativ gefahrlos aufgeben, auf lange Sicht werden das Unternehmen und ich aber hart dafür bestraft. Die langfristige Strafe für das Unternehmen besteht darin, daß es nicht überleben, geschweige denn gedeihen kann ohne den Nutzen, den es *allein* aus der frei verfügbaren Zeit seiner Arbeitnehmer zieht. Bleibt den Arbeitnehmern keine frei verfügbare Zeit, kommen ihre Kreativität, ihre Fähigkeit zu Innovationen und ihre Initiative dem Unternehmen nicht zugute. Die langfristige Strafe für mich besteht darin, daß mein Arbeitsleben einem lebenden Tod gleicht: Ich reagiere nur noch auf Probleme, die von anderen geschaffen wurden, und habe keine Zeit, selber Initiative zu entfalten und schöpferisch und innovativ zu handeln.

WAS ALSO TUN? Ich mußte die miteinander verflochtenen Beziehungen zu meiner Vorgesetzten, meinen Kollegen und meinen Mitarbeitern beständig fortführen. Wie sollte ich mich da aus dem Schlamassel rausziehen, in dem ich vor zwei Jahren steckte?

Es führt kein Weg daran vorbei, alle drei Beziehungsebenen gleichzeitig zu pflegen, aber an irgendeinem Punkt *muß* man anfangen. Ich machte den ersten Schritt, indem ich meinen mitarbeiterbestimmten Zeitaufwand abschaffte. Für einen solchen Start sprechen zwei Gründe. Einer ist, daß mitarbeiterbestimmte Zeit von vornherein in meinem Terminkalender nichts zu suchen hat. Und der zweite: Ich mußte unvermittelt ein paar drastische Veränderungen durchführen, und so was kann die Umgebung ganz schön nervös machen. Ich wollte zwar niemanden nervös machen, aber da es schon einmal sein mußte, gebot die Klugheit, daß es diejenigen traf, die die geringste Möglichkeit hatten, es mir zurückzuzahlen. Meine Mitarbeiter können mir gegen meinen Willen keine neuen Affen anhängen. Vorgesetzte und gleichrangige Kollegen aber können und werden das tun, falls ich, um Zeit für einen Blitzstart heraus aus dem Schlamassel zu bekommen, ihre Forderungen vorübergehend ignoriere.

Also eliminierte ich als erstes meine mitarbeiterbestimmte Zeit. Dadurch gewann ich ebensoviel frei verfügbare Zeit (selbstbestimmte Zeit ist bekanntlich die Summe aus frei verfügbarer und mitarbeiterbestimmter Zeit), die ich nutzte, um meinen Gesundungsprozeß als Manager einzuleiten.

AUF DEM SEMINAR «Der Manager und die Management-Zeit» hörte ich eine Geschichte, die dieses Aufholen verdeutlicht. Zwei Männer rennen nebeneinander durch den Wald, hinter ihnen ein Bär. Der Bär holt auf. Sagt der eine Mann: «Hätt ich nur meine Laufschuhe, dann wäre ich ein bißchen schneller.» Der andere: «Aber ich glaube, schneller als der Bär wärst du trotzdem nicht.» «Ich brauche ja auch nicht schneller zu rennen als der Bär, ich muß nur schneller sein als du!»

Ich habe herausgefunden, daß der Bär, selbst wenn ich einen Schritt Vorsprung heraushole, immer noch hinter mir ist! Ich bekam diesen einen Schritt Vorsprung, indem ich meine mitarbeiterbestimmten Tätigkeiten radikal eliminierte. Aber andere Anforderungen an meine Zeit blieben bestehen und waren mir dicht auf den Fersen: Forderungen von meiner Vorgesetzten und meinen Kollegen, dazu legitime Bitten meiner Mitarbeiter. Die neu gewonnene verfügbare Zeit schaffte mir jedoch einen Manövrierraum, durch den ich diese anderen Forderungen in den Griff kriegen konnte.

Als ich dieses kleine Samenkorn an frei verfügbarer Zeit einmal hatte, pflanzte ich es sorgsam ein und begoß es. Was meine Vorgesetzte angeht, so nahm ich mir die Zeit, um genau zu überlegen, wie ich so arbeiten könnte, daß sie soviel Vertrauen in mich hätte, daß sie mir in wachsendem Maß freie Hand ließe.

Zum Beispiel konnte ich früher in vielen Arbeitsbereichen nicht aktiv werden, solange ich mich nicht bei ihr abgesichert hatte. Sie wollte im voraus über meine Pläne unterrichtet werden, um möglichen Fehlern zuvorkommen zu können.

Alle diese Rückfragen nahmen meiner Chefin und mir eine Menge Zeit weg. Seither habe ich jedoch in diesen Arbeitsgebieten eine Reihe von Erfolgen angesammelt. Sie haben die Bedenken meiner Vorgesetzten so weit gemildert, daß ich heute selbständig arbeiten kann und sie erst nachträglich in meinem Vierteljahresbericht informiere. Das erspart uns beiden sehr viel Zeit. Anders gesagt: Ich nutzte meine neu gewonnene, frei verfügbare Zeit so, daß ich (und meine Vorgesetzte) noch mehr verfügbare Zeit bekamen.

Meinen Kollegen gegenüber ging ich ähnlich vor. Früher hatte ich mich allein auf meinen Rang innerhalb der Unternehmenshierarchie verlassen, wenn ich etwas erledigt haben wollte. Ich hatte einfach zuviel um die Ohren, um konstruktiver an die Dinge heranzugehen. Das mußte ich teuer bezahlen. Aber sobald ich über ein wenig freie Zeit verfügte, begann ich meine Beziehungen zu den Mitarbeitern der Verwaltung auszubauen. Je besser ich sie kennenlernte, desto mehr taten sie für mich, wobei ich mich immer weniger darum zu bemühen brauchte.

Auch hierzu ein Beispiel: Wenn ich früher etwas von der Verwaltung brauchte, bekam ich bestenfalls eine Routineantwort («Reichen Sie das Formular ein, und dann kümmern wir uns darum.»)

Aber in den letzten Monaten habe ich einen Teil meiner frei verfügbaren Zeit darauf verwandt, bessere Beziehungen zu den Angestellten in der Verwaltung herzustellen. Wenn ich jetzt dringend etwas brauche, unterstützen sie mich nach Kräften und ohne daß ich sie lang zu beknien brauche. Und das ist derselbe Verwaltungsapparat, den ich früher als bürokratisch, schwerfällig und starr hinzustellen pflegte! Auch hier habe ich, wie schon bei meiner Vorgesetzten, frei verfügbare Zeit investiert, um noch mehr davon zu bekommen. Und ich habe gemerkt: So unfähig die Verwaltung auch sein mag, die dort tätigen Mitarbeiter können Wunder für mich vollbringen, wenn sie wollen. Anstatt das System zu verteufeln, halte ich mich jetzt lieber an die Maxime: *Besser einen geraden Schlag mit einem krummen Stock führen, als mein Leben lang zu versuchen, das verdammte Ding geradezubiegen.*

Dasselbe gilt für meine Mitarbeiter. Wie Sie wissen, habe ich ihnen an einem einzigen Morgen (an jenem inzwischen berühmt gewordenen Montagmorgen) alle ihre Affen zurückgegeben und zugleich mehrere Tage mitarbeiterbestimmte Zeit in die gleiche Menge frei verfügbarer Zeit umgewandelt. Dann begann ich mit dem Coaching in Richtung auf größere Selbständigkeit. Jeder Zuwachs an Selbständigkeit bei meinen Mitarbeitern bedeutete einen gleich hohen Zuwachs an frei verfügbarer Zeit für mich und an Arbeitsfreude für sie. (Es besteht eine hohe Korrelation zwischen Selbständigkeit und Arbeitsfreude.)

MEINEN ERFOLG MESSE ich heute daran, wieviel meine Mitarbeiter tun, nicht, wieviel ich selbst erledige. Glücklicherweise beurteilt meine Vorgesetzte mich nach demselben Grundsatz. Und ich kann berichten, daß ich in Kürze einen größeren Verantwortungsbereich übernehmen werde. Ich fühle mich wunderbar, und man sagt mir, ich sähe besser aus als je. Obwohl ich immer noch genug zu tun habe, leide ich heute nicht mehr unter jenem verheerenden Zeitdruck. Der physische und psychische Stress, der mich ständig begleitete, solange ich das Affen-Management noch nicht kannte, ist heute nur noch eine unangenehme Erinnerung.

Das alles habe ich erreicht, weil ich gelernt habe, meine Arbeit anders zu sehen. Meine Arbeitsauffassung ist heute nicht mehr die eines Selbermachers, sondern die eines *Managers*. Als solcher habe ich nicht nur gelernt, Affen zu zähmen. Ich lernte auch, die psychologische Befriedigung des *Selbermachens* durch die des *Managens* zu ersetzen, sprich: meine Befriedigung aus dem abzuleiten, was meine Mitarbeiter tun. Entsprechend werde ich anerkannt, bezahlt und befördert.

Am meisten ermutigt hat mich, wie meine Mitarbeiter auf meinen neuen Managementstil reagiert haben und wie sehr ihre Produktivität und ihre Arbeitsmoral gestiegen sind. Durch ihre Leistungen konnte ich so viel Vertrauen zu ihnen aufbauen, daß sich mein Eingreifen bei vielen Projekten praktisch darauf beschränkt, ihre Arbeit zu genehmigen.

Die Verbesserung der Beziehung zu meinen Mitarbeitern brachte das Ende jenes *Teufelskreises*, in dem ich bisher gesteckt hatte. Es gelang mir, ihn in einen *positiven Regelkreis* umzuwandeln, der genauso wirkungsvoll ist und sich selbst in Gang hält. Meine Mitarbeiter beantworteten meinen verbesserten Managementstil mit erhöhter Produktivität und Arbeitsmoral. Dadurch brauchte ich mich weniger um ihre Arbeitsergebnisse zu sorgen und konnte ihnen mehr Freiheit einräumen, wodurch ich selbst wiederum Zeit gewann, die ich an anderer Stelle einsetzen konnte. Einen Teil davon investierte ich in meine Vorgesetzte, so daß sie sich weniger Sorgen um mich machte und mir mehr Freiheit geben konnte. Außerdem investierte ich in meine Beziehungen zu den Mitarbeitern des «Systems», so daß ich jetzt bei der Verwaltung in weniger Zeit mehr erreichte. Vor allem aber fand ich jetzt Zeit, um unsere Beziehungen zu Kunden und Lieferanten zu managen, die auf lange Sicht entscheidend für unser Überleben sind.

Eines Tages endlich ermöglichte mir dieser positive Regelkreis einen kleinen Überschuß an jenem kostbaren, seltenen Gut: frei verfügbarer Zeit. Die nutzte ich, um – zum erstenmal seit langem – einige selbstbestimmte Vorhaben zu beginnen, die das Leben des Managers lebenswert machen. Mit anderen Worten: Ich fing an zu *führen*, anstatt mich *führen zu lassen*.

FRÜHER habe ich den Großteil meiner Zeit damit zugebracht, Brände zu löschen; heute kann ich die meisten Brände verhüten, indem ich mir vorher ein bißchen Zeit nehme. Früher habe ich meist nur auf andere Leute reagiert, heute verbringe ich meine Zeit zum größten Teil mit Maßnahmen, die andere aktivieren. Dazu gehört, daß ich jetzt viel mehr vorausplane, so daß wir gleich beim erstenmal das Richtige auf die richtige Art tun, anstatt hinterher mehrmals nachbessern zu müssen.

Mir ist klargeworden: Wenn im ganzen Unternehmen jeder selbst dafür verantwortlich ist, sich um seine eigenen Affen zu kümmern, dann kann man kaum noch unterscheiden, wer Ausführender und wer Manager ist – weil jeder engagiert das tut, was nötig ist, um die bestmögliche Arbeit zu leisten.

Neben den Veränderungen in meinem persönlichen und beruflichen Leben habe ich begonnen, meine neuen Erfahrungen anderen mitzuteilen, die ich kenne, vor allem jenen unter ständigem Zeitdruck stehenden Menschen, die offenbar nie genug Zeit für ihre Arbeit, ihre Familie oder ihre Freunde haben. Ich helfe ihnen, die Dynamik des Affen-Managements zu entdekken und Affen-Manager im Zoo ihrer Wahl zu werden. Diese neue Lebenseinstellung hat mein Leben und das der Menschen in meiner Umgebung verändert.

Vielleicht die wichtigste Lektion, die ich bei der Arbeit und zu Hause über das Affen-Management gelernt habe, ist, daß sich immer mehr Affen um unsere Aufmerksamkeit streiten, als wir bewältigen können. Sofern wir nicht mit größter Sorgfalt abwägen, für welche der Tierchen wir die Verantwortung übernehmen, landen wir leicht bei den falschen Affen, während die wirklich wichtigen aus Mangel an Zuwendung in einer Ecke verkümmern. Wenn wir so leichtsinnig sind, alle behalten zu wollen, verzetteln wir uns so sehr, daß keiner der Affen gedeiht.

Ich hoffe, die Affen-Analogie leuchtet Ihnen genauso ein wie mir. Ich stoße dauernd darauf, welchen ungeheuren Nutzen sie bringt. Während ich zum Beispiel diese abschließenden Worte schreibe, bin ich allein in meinem Büro. Meine Tür ist offen. Und wenn ich auf das neue Foto unserer Familie blicke, sehe ich eine entscheidende Veränderung:

ICH BIN JETZT AUCH IM BILD!

01 Lob

Wir möchten einer Reihe von Menschen, die an entscheidender Stelle zur Verwirklichung dieses Buchs beigetragen haben, öffentlich ein Lob aussprechen.

Robert Nelson, einem sehr talentierten Schriftsteller und Vice-President für den Bereich Produktentwicklung bei der Blanchard Training and Development, Inc. (BTD), wegen seiner Unterstützung beim Schreiben, Redigieren und Zusammenstellen dieses Buchs.

Eleanor Terndrup, Sekretärin von seltener Klasse, wegen des nie erlahmenden Einsatzes, mit dem sie im Lauf von vier Jahren zahlreiche Entwürfe dieses Buchs getippt hat.

William Oncken III und *Ramona Neel* von der William Oncken Corporation wegen ihrer Unterstützung beim Redigieren des Manuskripts. Dank ihrer Hilfe stimmt der Inhalt genau mit dem «Managing Management Time»-Seminar überein.

George Heaton von Blanchard Training and Development, Canada, von dem der erste Funke stammt, aus dem dieses Projekt entstanden ist.

Margaret McBride ist unsere literarische Agentin und hat uns beständig unterstützt.

Der ganzen Mannschaft bei William Morrow and Company, Inc., vor allem *Larry Hughes, Al Marchioni*, unserer Redakteurin *Pat Golbitz* und ihrer Assistentin *Jill Hamilton*, weil sie beständig an die One Minute Manager-Bücher glauben und auch diese Erweiterung gefördert haben.

Jim Ballard wegen seiner kreativen Ideen im Zusammenhang mit den «Anonymen Rettern» und *Stephen Karpman*, weil er den Ausdruck «Retter» für uns definiert hat.

Paul Hersey, weil er uns ein paar Lektionen aus der Baseball-Jugendliga erteilte.

Marjorie Blanchard, Margaret Oncken und Alice Burrows wegen ihrer nie abreißenden Liebe und Unterstützung durch alle Höhen und Tiefen unseres Lebens.

Über die Autoren

Kenneth Blanchard, Mitschöpfer des Konzepts vom *One Minute Manager* und des Situationsbezogenen Führens, genießt international hohes Ansehen als Buchautor, als Erziehungsfachmann, als Unternehmensberater und Gruppentrainer. Er lehrt als Professor an der University of Massachusetts in Amherst; seine Spezialgebiete sind Menschenführung und Betriebspsychologie. Seine Veröffentlichungen konzentrieren sich vor allem auf Menschenführung, Motivation und Bewältigung von Wandlungsprozessen. Am bekanntesten darunter die bahnbrechende Buchreihe der *One Minute Manager Library*, in der er etliche Titel mit einigen der besten amerikanischen Managementexperten gemeinsam entwickelt und geschrieben hat. Sein mit Paul Hersey verfaßtes Lehrbuch *Management of Organizational Behavior* ist nach inzwischen fünf Auflagen ein Standardwerk geworden.

Professor Blanchard machte seinen B. A. in Staatsrecht und Philosophie an der Cornell University in Ithaca, New York, seinen M. A. in Soziologie und Counseling an der Colgate University in Hamilton, New York, und seinen Dr. phil (Ph. D.) in Erziehungswissenschaften an der Cornell University, wo er inzwischen dem Board of Trustees angehört.

Als Chef seiner im kalifornischen San Diego ansässigen Firma Blanchard Training and Development, Inc., hat Professor Blanchard zusammen mit seiner Ehefrau Marjorie über zweihunderttausend Führungskräfte trainiert, seine Management-Konzepte sind sowohl in vielen *Fortune* 500-Unternehmen praktisch eingesetzt worden als auch in zahlreichen jungen, rasch expandierenden Firmengründungen.

William Oncken, Jr., hat wie zu seinen Lebzeiten kein zweiter über Management-Themen reden können. Er studierte Wirtschaftswissenschaften bis zum Abschluß 1934 an der Princeton University. Die anschließende Berufspraxis lehrte ihn, daß eine erfolgreiche Führungspersönlichkeit die Fähigkeit besitzen muß, selbstbestimmte Zeit zu gewinnen und nutzbringend zu verwenden: dies sei die unerläßliche Voraussetzung für die Karriereentwicklung des einzelnen und für das Überleben und Florieren seines Unternehmens in unserer marktwirtschaftlichen Ordnung. Oncken ließ seine Beobachtungen und praktischen Erfahrungen einfließen in seine international bekannten Seminare *Managing Management Time* und *Managing Managerial Initiative*. Geradezu revolutionäre Auswirkungen hatte sein (zusammen mit Donald Wass verfaßter) Aufsatz *Managing Management Time: Who's Got the Monkey?* Onckens Buch *Managing Management Time* zählt bereits heute, erst wenige Jahre nach Erscheinen, zu den klassischen Werken der Management-Literatur.

Die William Oncken Corporation wurde 1960 in Dallas gegründet und bietet seither Schulungsseminare für Führungskräfte an, in denen die Gewinnung und Nutzung des kostbarsten manageriellen Gutes geübt wird: der Umgang mit selbstbestimmter Zeit.

Das vorliegende Buch *Der Minuten-Manager und der Klammer-Affe* entwickelte sich aus der «Staff»-Strategie in «Oncken's Management Molecule».

Hal Burrows ist eine Autorität auf dem Gebiet «Management time». Seine Erfahrungen in zwei zu den *Fortune 500* zählenden Unternehmen und fünfzehn Jahre als Chef seiner eigenen Consultingfirma sowie das Talent, seine Erkenntnisse mit viel Witz und Verve «an den Mann zu bringen» – all dies hat ihn zu einem sehr gesuchten Redner überall da werden lassen, wo es um Fragen des Managements und der Verhandlungskunst geht. Seit 1973 hat er mit Tausenden von leitenden Angestellten und Beamten aus Hunderten von Firmen und Behörden engstens zusammengearbeitet und ihnen zu erheblich gesteigertem Erfolg im Beruf verholfen. Hal Burrows, der in Raleigh, North Carolina, ein großes Immobiliengeschäft besitzt, wird regelmäßig zu Vortragsveranstaltungen eingeladen. Daneben bietet er zwei stark nachgefragte Seminare an: *Managing Management Time* und *Managing Negotiations Under Pressure.*